AF405272

Violencia de género

Reflexiones sobre la relación de pareja
y la violencia contra las mujeres

VITAE

Violencia de género

Reflexiones sobre la relación de pareja y la violencia contra las mujeres

Miguel Pallarés

Colección: VITAE
Director: David Soler

VIOLENCIA DE GÉNERO
Reflexiones sobre la relación de pareja y la violencia contra las mujeres
1.ª edición, 2012

© 2012, Miguel Pallarés Querol
© 2012, caps. 1 y 2, Ester Pallarés Sanz
© de esta edición, incluido el diseño de la cubierta, ICG Marge, SL

Ilustración de la portada: Eduard Muntada
Ilustraciones: Helena Ruiz, Eduard Muntada (p. 128), Víctor Nieto
   (pp. 112, 196, 222)

Edita
Marge Books - València, 558, ático 2.ª - 08026 Barcelona
Tel. +34-932 449 130 - Fax +34-932 310 865 - www.marge.es

Gestión editorial: Hèctor Soler, Anna Palacios
Edición: Rosa Serra
Colaboración editorial: Roser Pérez, Míriam López
Compaginación: Mercedes Lara
Impresión: Més Gran Serveis Gràfics i Digitals (Santa Coloma de Cervelló)

ISBN: 978-84-15004-28-8
Depósito Legal: B-26.631-2012

Reservados todos los derechos. Ninguna parte de esta edición, incluido el diseño de la cubierta, puede ser reproducida, almacenada, transmitida, distribuida, utilizada, comunicada públicamente o transformada mediante ningún medio o sistema, bien sea eléctrico, químico, mecánico, óptico, de grabación o electrográfico, sin la previa autorización escrita del editor, salvo excepción prevista por la ley. Diríjase a Cedro (Centro Español de Derechos Reprográficos, www.conlicencia.com) si necesita fotocopiar, escanear o hacer copias digitales de algún fragmento de esta obra.

*A todas las mujeres y niñas que sufren
o han sufrido alguna vez violencia de género
y a aquellas y aquellos que luchan sinceramente
por erradicar cualquier tipo de violencia,
en el día a día de sus vidas.*

*A las mujeres de mi vida:
mi madre M.ª Carmen, mi esposa Rosa,
mi hija Ester y mi nieta Berta.*

*A mi amigo Eduard Muntada,
pintor y escritor de raíces renacentistas, creador,
trabajador infatigable, colaborador constante y
desinteresado por todo aquello en lo que cree,
y autor de la ilustración de la portada de este libro.*

*A Teresa Giró, Àngels Samarra y Natalia Ruiz,
buenas amigas, por la ayuda prestada
en la lectura de este libro, y por su crítica
y sugerencias enriquecedoras.*

Índice

Nota del equipo editorial

Nunca serán demasiados ni suficientes todos los esfuerzos para contribuir a erradicar la violencia por razón de sexo, un problema ancestral de nuestra civilización que vulnera los derechos fundamentales y la dignidad de tantas y tantas niñas y mujeres en todo el mundo.

Para el equipo editorial de Marge Books, es motivo de satisfacción poder contribuir con el pequeño grano de arena que significa este libro a generar debate social, reflexión y conciencia crítica sobre las distintas manifestaciones de la violencia de género. Confiamos en que con ello favoreceremos el conocimiento, la difusión y, sobre todo, la prevención de las principales causas que la provocan.

El contexto de crisis socioeconómica en el que, desde 2008, se ve inmersa una gran parte del mundo occidental no hace más que propiciar la desestructuración social y familiar e incrementar las desigualdades; un caldo de cultivo que favorece el afloramiento de los desequilibrios personales y tiende a incrementar el riesgo de situaciones límite, entre ellas la violencia de género.

Es momento de que las organizaciones ciudadanas, profesionales y empresariales de la sociedad civil asuman un mayor compromiso para combatir, desde todos los ángulos posibles y con una estrategia colaborativa, los múltiples intereses escondidos en la perpetuación de las desigualdades entre hombres y mujeres, y de exigir a los gobiernos y a la Administración pública que apliquen las medidas necesarias para erradicarlas.

Estas medidas no han de entenderse solo en el ámbito legislativo. Aunque la legislación es una herramienta fundamental, no puede por sí sola detener los distintos tipos de violencia que se ejercen contra las féminas. Las principales medidas han de dirigirse, pues, hacia el ámbito de la cultura y la educación, basadas en valores de igualdad y respeto, que favorezcan el desarrollo equilibrado de la persona, el autoconocimiento y la sabia gestión de las emociones.

La sociedad civil debe comprometerse e invertir esfuerzos en promover una cultura en la que no tengan cabida el patriarcado ni el machismo, que enseñe a las mujeres a decir *no*. Con ello, además de salvar vidas humanas, estamos convencidos de que se incrementará el nivel de felicidad de las personas y se reducirá la mercantilización de las diferencias por cuestión de sexo, una de las formas que el machismo adopta para imponer, mediante la mercadotecnia, conductas de dominio sobre las mujeres.

Miguel Pallarés, desde su visión profesional, por medio de su actividad como conferenciante y de sus obras publicadas sobre la gestión de las emociones, siembra con este libro una semilla para un futuro cercano, en el que la racionalidad, la asertividad y el diálogo serán un distintivo de la convivencia social, especialmente, en el seno de las parejas, y en el que se demostrará, una vez más, que nunca habrá mejores armas contra la violencia que la *palabra* y la *razón*.

Violencia de género

Reflexiones sobre la relación de pareja
y la violencia contra las mujeres

Capítulo 1

La violencia de género: necesidad de una reflexión

La cara de la violencia de género

Todo puede comenzar una luminosa mañana cualquiera, mientras hojeamos tranquilamente el periódico. De pronto, una noticia perdida en las secciones de sucesos o de sociedad nos hiela la sangre. Seguimos leyendo, impresionados, tratando de archivar la información en algún recóndito lugar del cerebro. Pero también otros días, y demasiado a menudo, en el mismo diario o en otro distinto, sucesos similares nos sobresaltan de nuevo.

U NA mujer de 29 años, cuyo nombre corresponde a las iniciales M. M., murió ayer en Leganés, al ser acuchillada presuntamente por su novio en el domicilio en el que vivían. El supuesto autor de los hechos, de 34 años, ha sido encontrado herido de gravedad y trasladado a un centro hospitalario, según fuentes municipales.

E L compañero sentimental de J. S. I., la mujer encontrada muerta la pasada madrugada en Almería, ha confesado la autoría del crimen en la comisaría de la Policía Nacional. La víctima, de 26 años, presentaba una herida inciso-contusa en el cuello, producida por arma blanca, así como varios golpes en la frente y en el cuero cabelludo, causados por algún objeto contundente, y heridas defensivas en las manos, han informado hoy a Efe fuentes de la Policía Nacional.

E L juez decano de Barcelona J. M. R. ha sido denunciado por su mujer, M.R.I.M., en un juzgado de violencia de género, tras una pelea del matrimonio en el domicilio conyugal. La mujer, una notaria de la capital catalana, reclama al juez una orden de alejamiento para su marido. La pareja se había casado cuatro meses antes.

U N hombre decapita a su hija y pasea su cabeza por un pueblo de India. El individuo, que ha sido detenido, estaba muy enfadado por las relaciones sexuales que su hija mantenía con varios hombres.

E L titular del juzgado de instrucción número 1 de Reus ha dictado prisión provisional por un presunto delito de homicidio para el compañero sentimental de la mujer que, el pasado 9 de octubre, apareció muerta en su domicilio de dicha ciudad.

La autopsia practicada al cadáver de la mujer, de 40 años, reveló signos de estrangulamiento y descartó una muerte accidental, tal como sostenía el acusado.

C ANDY Holyfield, la esposa del ex campeón del mundo de boxeo Evander Holyfield, ha conseguido una orden temporal de alejamiento para su marido, tras un supuesto caso de violencia de género.

Los documentos judiciales detallan que la noche del 1 de febrero de 2010 Holyfield la agarró por el cuello y la golpeó en presencia de los dos hijos de la pareja.

Candy explicó que su marido se había disculpado tras darse cuenta de lo que había hecho. También declaró que los abusos de su esposo contra ella habían comenzado seis meses después de que hubieran contraído matrimonio en julio de 2003, y se habían reanudado mientras estaba embarazada de su primer hijo en común.

U NA mujer de 48 años murió asesinada en el barrio de Las Barreras, en Cartagena (Murcia), como consecuencia de los disparos de escopeta realizados presuntamente por su marido, de 66 años, que se suicidó poco después con la misma arma.

> *La violencia contra las mujeres es quizá la violación de los derechos humanos más vergonzosa, y tal vez la más dominante. No tiene límites geográficos, culturales o de riqueza. Mientras continúe, no podemos decir que hayamos progresado realmente hacia la equidad, el desarrollo y la paz.*
>
> KOFI A. ANNAN
> Diplomático ghanés, ex secretario general de la ONU

Los ejemplos son inagotables y no dan tregua ni un solo día. Tienen lugar en el mundo entero y son dados a conocer por los distintos medios de comunicación (prensa, radio, televisión, internet, cine...), los cuales informan sin tapujos sobre todas las variables imaginables: palizas, estrangulamientos, navajazos, disparos, descuartizamientos, etc., en ocasiones seguidas por el suicidio del agresor. A todos estos episodios se les adjudica el epígrafe *violencia de género*.

La Ley contra la Violencia de Género

Ante el desolador panorama que ofrecen las numerosas manifestaciones de violencia de género y dada la gran cantidad de personas a las que este fenómeno afecta directa e indirectamente, parece lógico y necesario intentar establecer un nuevo orden basado en medidas legales y preventivas que corrijan esta lacra social.

En España, las agresiones a las mujeres tienen una especial incidencia. En el siglo XXI, la conciencia social es mayor que en épocas anteriores gracias, en parte, al esfuerzo llevado a cabo por los poderes públicos y las numerosas organizaciones de mujeres. Por fortuna, ya no nos hallamos ante un «delito invisible», sino ante una evidencia respecto a la cual la sociedad en pleno muestra su rechazo.

Desde el gobierno del Estado y los gobiernos autonómicos, al objeto de prevenir y erradicar la violencia de género, se aplican medidas basadas en:

- Una atención integral a las víctimas (atención psicológica, restablecimiento y fortalecimiento de sus redes sociales y familiares, protección y acogida temporal, etc.).
- La sensibilización de la ciudadanía y de los colectivos implicados (campañas de detección precoz y prevención en el ámbito educativo; medidas de intervención en el ámbito sanitario, en el campo de la publicidad, etc.).

Por lo que se refiere a la tutela institucional, en España existen dos órganos administrativos: la Delegación Especial del Gobierno contra la Violencia sobre la Mujer, que propone la política del gobierno en relación con esta problemática, y el Observatorio Estatal de Violencia sobre la Mujer, un centro que analiza la situación y la evolución de este fenómeno, además de colaborar en la elaboración de propuestas para erradicarlo.

Todas las actuaciones se recogen en la Ley Integral contra la Violencia de Género, aprobada el 23 de diciembre de 2004, que se añadió a las leyes generales ya existentes. No obstante, más allá de los aspectos técnicos de la ley, veamos a continuación algunos datos sobre su dotación y los resultados obtenidos, así como las críticas recibidas en su aplicación.

Algunos datos sobre la dotación de la ley

No cabe duda de que determinadas soluciones están directamente relacionadas con la dotación económica asignada. Ciertos datos e iniciativas nos ayudan a entender la seriedad con que se ha tomado la dotación de dicha ley:

- Número telefónico y dotaciones personales, para centralizar la información y tomar declaraciones sobre la violencia de género: 016.
- Número telefónico y dotaciones de urgencias médicas relacionadas con la violencia de género: 112 (compartido por las urgencias médicas no relacionadas con la violencia de género).
- Sitio web del Ministerio de Sanidad, Servicios Sociales e Igualdad que permite acceder a información relacionada con la violencia de género y localizar por provincias todos los organismos de asistencia y protección, así como asociaciones de mujeres, juzgados, ONG, atención policial, etc.

— Incremento constante, desde su creación, de personal especializado en diferentes ámbitos: policial, psicológico, judicial, prestaciones y atenciones sociales, etc.
— Incremento constante de determinados instrumentos:

  - Pisos de acogida para mujeres maltratadas.
  - Pulseras con dispositivo GPS para localizar a determinados maltratadores. Se adaptan a la muñeca o al tobillo de las mujeres y dan la alarma si el maltratador, que porta otro marcador, se le acerca a menos de quinientos metros.
  - Aparatos de teleasistencia para facilitar el contacto a las víctimas.

— Mayor coordinación entre todos los elementos mencionados y las personas afectadas.
— Cursos en materia de igualdad realizados en instituciones penitenciarias.
— Campañas de comunicación, con la colaboración de personas con notoriedad pública.

Los resultados

Los datos disponibles ponen de manifiesto el esfuerzo constante que realizan las administraciones central y autonómicas para reconducir e intentar resolver el problema, aunque la solución, como muestran reiteradamente las cifras de mujeres asesinadas o violentadas, está lejos de surtir a corto plazo el efecto deseado.

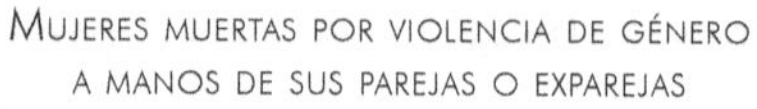

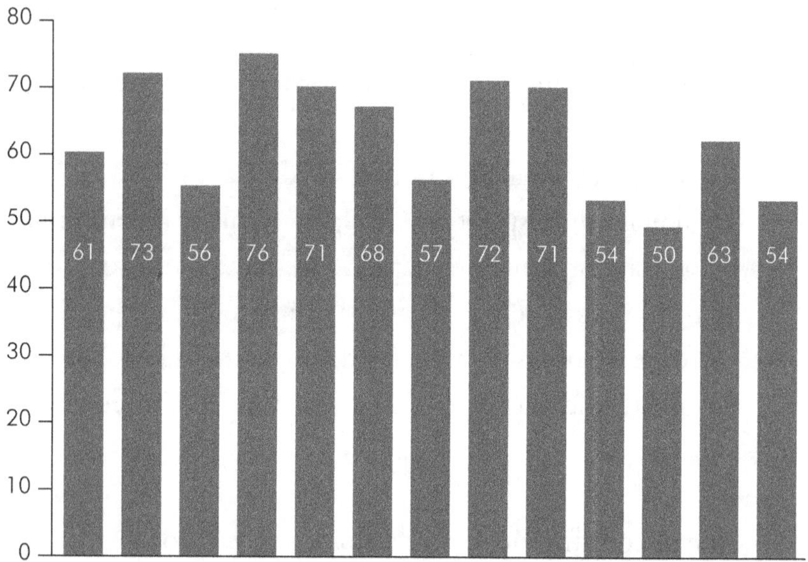

Fuente: Instituto de la Mujer, 2012.

Gráfico 1. El número de muertes en España por violencia de género no disminuye de manera radical, a pesar de la aplicación de la ley expresamente creada para tal fin.

El gráfico 1 indica que, de media, en España se comete más de un asesinato por semana. Esto significa que, de 1999 a 2011, fallecieron anualmente un promedio de 64 mujeres a manos de sus parejas o exparejas.

Pese a que el número anual de mujeres fallecidas víctimas de la violencia de género no ha disminuido de manera radical, sí lo ha hecho significativamente si se considera el incremento de la población durante la primera década del siglo XXI.

En el año 2000 había 40.999.800 habitantes en España, y esta cifra ascendió en 2011 a 47.190.500 personas, es decir, el 15,1 % más de población. Si tomamos como referencia dichos años, en los que se registraron 63 y 61 víctimas, respectivamente, observamos un descenso del 15,87 % en el número de mujeres muertas por violencia de género a manos de sus parejas o exparejas.

Conviene que en el análisis de estos resultados se tomen en consideración algunos factores esenciales, como la circunstancia social y económica de los agresores. En este sentido, existe una significativa incidencia de mujeres extranjeras sobre el total de las víctimas. Mientras que, a final de 2011, la población extranjera en España era del 11,12 %, el número de víctimas pertenecientes a este grupo demográfico significó el 34,43 % del total.

Por otro lado, la violencia contra la mujer también afecta a los menores que se hallan dentro del entorno familiar, pues son víctimas directas o indirectas de los abusos. Por este motivo, la ley contempla también su protección y la tutela judicial de sus derechos, lo cual incluye medidas cautelares ejecutables, si es necesario, con carácter de urgencia.

Se estima que, en 2011, según fuentes del Ministerio de Sanidad, Servicios Sociales e Igualdad, unos 840.000 menores convivían a diario con la violencia de género en su domicilio familiar, y que muchos de ellos precisan o precisarán en el futuro una protección especial.

Críticas a la aplicación de la ley

Los buenos propósitos sobre los que se fundamenta la mencionada ley no le impiden tener ciertas limitaciones. Muestra de ello son la insuficiencia de sus dotaciones jurídicas y la parcialidad que denotan sus resultados.

Sirvan como ejemplo, malo en este caso, los Juzgados de Violencia sobre la Mujer de Barcelona, que señalaban, en septiembre de 2010, fechas de «juicios rápidos sobre violencia de género» para los siguientes doce meses. Si el juicio debe seguir al delito como la sombra al delincuente, está claro que la justicia no cumple con su finalidad.

También existen críticas en cuanto a los fallos relacionados con las separaciones conyugales. Las cifras aproximadas, expresadas en porcentajes sobre los casos fallados, son las siguientes:

- Custodia para la madre en el 89 % de los casos.
- Custodia compartida en el 8 % de los casos.
- Custodia para el padre en el 3 % de los casos.
- Pago de pensiones a cargo del padre en el 90 % de los casos.

Estos fallos, claramente sesgados a favor de la mujer, vulneran para algunos la presunción de inocencia.

En este sentido, ocurre en ocasiones que las denuncias de la mujer pueden llevar a la detención preventiva del presunto agresor hasta que este demuestre su inocencia. Tal hecho se contrapone a todos los demás delitos, de los que se acusa a una persona solo después de haber conseguido pruebas que demuestren su culpabilidad.

No son pocos quienes consideran que a los varones se los juzga de manera discriminatoria en lo referente a las separaciones y la custodia de los hijos; que carecen de voz y voto en estas situaciones, y que, al no contar con garantías legales, les resulta cada vez más difícil ejercer de padres.

Lo cierto es que en una separación existen varias opciones, y los acuerdos y detalles concretos de cada caso dependen tanto de los cónyuges como del juez o la jueza que se les asigne.

Otras medidas de prevención y sensibilización sobre la violencia de género

En el contexto europeo, desde 2006 se lleva a cabo una campaña impulsada por el Consejo de Europa para prevenir y combatir la violencia de género en los estados miembros, con los siguientes objetivos:

- Sensibilizar la opinión pública sobre la vulneración de los derechos humanos que supone la violencia de género, así como alentar a la población a combatirla.
- Instar a los gobiernos a dotar los recursos para avanzar hacia la erradicación de la violencia de género.
- Promover la aplicación de medidas eficaces para la prevención y para combatir la violencia de género, mediante la legislación y los planes de acción específicos.

Guía para Sensibilizar y Prevenir desde las Entidades Locales la Violencia contra las Mujeres, publicada en 2007 por la Federación Española de Municipios y Provincias, y *Guia didàctica per a professorat d'ESO i Batxillerat*, cómic dedicado a la prevención de la violencia machista, publicado en 2010 por la Generalitat de Catalunya, dentro del Programa de Seguretat contra la Violència Masclista.

En España, con la aplicación de la Ley contra la Violencia de Género y la posterior creación de la Delegación Especial del Gobierno contra la Violencia sobre la Mujer y del Observatorio Estatal de Violencia sobre la Mujer, se evidenció la necesidad de abordar la lucha contra la violencia de género desde una perspectiva transversal e integral.

De este modo se creó el Plan Nacional de Sensibilización y Prevención de la Violencia de Género con la intención de introducir «en el escenario social las nuevas escalas de valores basadas en el respeto de los derechos y libertades fundamentales y de igualdad entre hombres y mujeres, así como en el ejercicio de la tolerancia y de la libertad dentro de los principios democráticos de convivencia, todo ello desde la perspectiva de género».

Para la consecución de los objetivos de este plan se estimó la necesidad de implementarlo desde los ámbitos autonómico y local, dando apoyo a la información, el asesoramiento, el acompañamiento, la atención psicológica y otros recursos para cubrir las necesidades de las mujeres víctimas de la violencia de género.

En este sentido, desempeñan un papel esencial las escuelas, los centros de educación no formal, los medios de comunicación y el tejido asociativo (organizaciones sin ánimo de lucro, de mujeres, sindicales y empresariales; colectivos profesionales, etc.), básicos en el desarrollo de todo tipo de actividades para la sensibilización sobre la violencia de género y su prevención.

Mediante la sensibilización se pretende alcanzar un mayor conocimiento y una visión crítica de este problema, factores que facilitan una mayor conciencia social e implicación para un cambio de actitud respecto a las conductas machistas y la violencia contra las mujeres.

Por su gran influencia social y cultural, los medios de comunicación desempeñan un papel muy importante en la creación de nuevos valores y actitudes frente a la violencia de género. De ahí su especial responsabilidad en el empleo de un lenguaje no sexista ni discriminatorio y en un tratamiento de las noticias riguroso y respetuoso con los derechos humanos y la igualdad entre hombres y mujeres. Es primordial que desde los medios no se frivolice ni a la mujer ni la violencia de género.

Contenidos publicitarios sexistas
Frivolizan o justifican, de cualquier manera, comportamientos o actitudes que implican alguna forma de violencia contra las mujeres
Sitúan a las mujeres en posiciones de subordinación o inferioridad, con menores capacidades o no aptas para asumir responsabilidades
Menosprecian o ridiculizan las actividades o valores atribuidos a las mujeres, o contraponen la superioridad de los masculinos o femeninos
Ridiculizan, infravaloran o presentan de forma vejatoria a las mujeres en cualquier clase de actividad profesional
Utilizan a la mujer y su cuerpo reducidos exclusivamente a un mero objeto sexual, pasivo y al servicio de la sexualidad y los deseos del hombre
Exhiben imágenes del cuerpo femenino o partes de este como un recurso para captar la atención o como un adorno o reclamo, ajeno al contenido del anuncio y lo anunciado
Fomentan un modelo de belleza femenino basado en la juventud, delgadez o perfección corporal, de acuerdo con cánones poco reales y que pueden proponer comportamientos lesivos para la salud de las mujeres o asociarse a su éxito personal y social
Asignan a las mujeres, de manera clara y diferenciada, la responsabilidad exclusiva o principal de cuidados a terceros y del ámbito doméstico, excluyendo a los hombres o asignándoles un plano secundario en dicha responsabilidad
Atribuyen capacidades según el sexo para el ejercicio de diferentes profesiones o categorías profesionales, de forma que se sugiere la falta de aptitud de las mujeres o los hombres para el ejercicio de alguna de ellas
Establecen diferencias con respecto a las distintas opciones o actividades sociales que son adecuadas para hombres o para mujeres, con especial atención a la infancia y la publicidad de juguetes
Recurren a un lenguaje que de forma clara invisibiliza o excluye a las mujeres, como cuando hay contradicción entre la imagen y el texto en el sexo aludido

Fuente: Observatorio de la Imagen de las Mujeres, Instituto de la Mujer, 2012.

Tabla 1. Factores que determinan el sexismo de un contenido publicitario.

Desde 1994, en España, el Observatorio de la Imagen de las Mujeres (OIM), en sus inicios el Observatorio de la Publicidad Sexista, analiza la representación de las mujeres en la publicidad y en los medios de comunicación para detectar mensajes sexistas y emprender acciones que contribuyan a suprimir las imágenes estereotipadas (véase la tabla 1).

Necesidad de una reflexión

Todos estos hechos e iniciativas evidencian que la ley, aun endureciendo sentencias en casos concretos, no puede erradicar por sí sola la violencia de género, si bien constituye una herramienta imprescindible para conseguirlo y sin ella la situación sería inevitablemente peor.

La Ley contra la Violencia de Género, como todas las demás, actúa siempre *a posteriori* de la comisión del delito, y, aunque su aplicación tiene sin duda efectos disuasorios, es precisa una profunda reflexión que nos permita conocer, difundir y, sobre todo, prevenir las principales causas que provocan las distintas manifestaciones de la violencia de género. Para ello es imprescindible fomentar los valores que contribuyen a evitar la violencia y descalificar aquellos otros que la propician (véase la tabla 2).

En este sentido, la reflexión debe servir para cuestionar estereotipos según los cuales los hombres se preparan para ejercer el poder y la autoridad, y las mujeres, para comportarse de modo sumiso y pasivo; o según los cuales imperan mitos como el del amor romántico, vinculado al sufrimiento y a la superación de

Valores que evitan la violencia de género	Valores que propician la violencia de género
• La creencia en los efectos positivos de la igualdad para toda la sociedad • La valoración de la persona sin considerar su sexo ni su imagen, ni su país de origen, ni si presenta discapacidad o no, ni su edad, etc. • La diferencia y la diversidad como riqueza • La interacción como elemento enriquecedor desde la individualidad • El valor de la autonomía individual entendida como la plenitud de la persona en todo su ser • La solidaridad y la responsabilidad social • La equidad en el trato con el resto de los seres humanos • La igualdad de oportunidades para todas las personas • El respeto mutuo y la libertad individual • La participación de todas las personas en la toma de decisiones • El valor de todos los trabajos por igual, tanto los productivos como los reproductivos • El valor de la no violencia en la gestión de los conflictos • El valor del amor en igualdad	• La necesidad de completarse con otra persona • El peso de las tradiciones, las religiones, las culturas, etc., que sitúan a las mujeres en situaciones de subordinación • Las relaciones no igualitarias, no basadas en el respeto y la libertad, sino en el ejercicio del poder • La desigualdad social y la discriminación de las mujeres • La minusvaloración de todas aquellas personas que no encajan en el patrón mayoritario • La valoración de las personas en función de su imagen, de su edad, de su país de origen, etc. • La banalización de las relaciones afectivas y sexuales • La comercialización de los modelos sexuales • La utilización del cuerpo de las mujeres • La normalización de la violencia como forma de resolución de conflictos • La educación que se da a las mujeres, sobre bases de indefensión y dependencia • La creencia de que las mujeres, por su condición femenina, pueden ser agredidas • El modelo tradicional de masculinidad y feminidad

Fuente: *Guía para Sensibilizar y Prevenir desde las Entidades Locales la Violencia contra las Mujeres*, Área de Igualdad de la Federación Española de Municipios y Provincias, 2007.

Tabla 2. Valores que evitan la violencia de género y valores que la propician.

obstáculos como prueba de amor, con la necesidad de simbiosis de la pareja y la renuncia a la propia individualidad. La juventud recibe un exceso de este tipo de referentes en películas, publicaciones y canciones, que inciden especialmente en las mujeres jóvenes, identificadas con la obligación de asegurar el éxito de las relaciones afectivas y la responsabilidad del fracaso de una relación.

Luis Bonino, psicoterapeuta y director del Centro de Estudios de la Condición Masculina, de Madrid, aboga por «redefinir en todos los ámbitos el modelo y las prácticas de la masculinidad tradicional y obligatoria (machista) que la cultura propone para los varones. Este modelo, con su énfasis en la autosuficiencia, la supuesta superioridad sobre las mujeres y la violencia como estrategia por lograr lo que se quiere, permite a los varones creerse con el derecho a controlar, corregir o castigar a las mujeres y por tanto favorece el uso eventual de la violencia».

Como vemos, esta reflexión ha de tener un alcance social, inquietar la conciencia de cada persona y constituir una fuente de diálogo en el seno de las parejas, para demostrar así, una vez más, que la palabra y la razón son la mejor arma contra la violencia.

> *La naturaleza humana,*
> *cuando se enfrenta a situaciones críticas,*
> *despierta y encuentra alternativas.*
>
> Tenzin Gyatso
> xiv dalái lama

Capítulo 2

Reflexiones sobre la violencia de género

Definición de *violencia de género*

Para saber a qué nos referimos exactamente cuando hablamos de violencia, nos es de gran ayuda recurrir a la etimología de esta palabra, esto es, a su significado originario.

El término *violencia* proviene del latín *violentia,* y está vinculado a:

> La acción que se ejecuta con fuerza o brusquedad y que se concreta contra la voluntad o el gusto del prójimo.

En 2002, la Organización Mundial de la Salud (OMS), consciente del alcance de esta palabra, ofreció una definición más amplia:

> El uso deliberado de la fuerza física o del poder, ya sea en grado de amenaza o efectivo, contra uno mismo o contra una persona, grupo o comunidad, que causa o puede causar lesiones físicas, muerte o daños psicológicos [...].

Tal violencia se considera «de género» cuando la ejerce el hombre contra la mujer y se dirige a ella meramente por su condición femenina, porque su agresor considera que se trata de un ser que no merece respeto ni tiene derecho a ser libre o a tomar decisiones. No es un problema que se ciña al ámbito privado, sino que se revela como el símbolo más brutal de las desigualdades que tienen lugar en nuestras sociedades. En 1994, la Organización de las Naciones Unidas (ONU) definió así la violencia de género:

> Todo acto de violencia basado en la pertenencia al sexo femenino que tenga o pueda tener como resultado un daño o sufrimiento físico, sexual o psicológico para la mujer, inclusive las amenazas de tales actos, la coacción o la privación arbitraria de la libertad, tanto si se produce en la vida pública como en la privada.

La definición propuesta por la ONU, que incluye no solo los actos violentos perpetrados, sino también las amenazas de coartar o profanar la libertad física, sexual o psicológica de la mujer, esconde un buen número de tipos de la denominada *violencia de género.*

Esta misma organización, haciéndose eco de las desigualdades habidas entre mujeres y hombres a lo largo de la historia, reconoció en 1995 que la violencia contra las mujeres constituye un obstáculo de primer orden para lograr algunos de los objetivos propuestos para el siglo XXI: igualdad, desarrollo y paz.

Tipos de violencia de género y algunas de sus causas

Desde la Antigüedad, y de un extremo a otro del planeta, la violencia de género ha adoptado diversas formas y distintos grados de complejidad. A continuación se recogen ciertos ejemplos en los que el pasado y el presente se superponen; casos que revelan la vigencia de determinadas prácticas ancestrales e incluso la sofisticación alcanzada por algunas de ellas.

Por otro lado, sin pretender en ningún caso justificar lo injustificable, tratamos de explicar los posibles factores, fines y motivaciones que tuvieron y tienen los violentos para cometer sus delitos. Creemos humildemente que seguir indagando las causas, es decir, la raíz del problema y reflexionar sobre él puede ser parte de su solución.

Feminicidio

Se refiere al homicidio de mujeres por razones de sexo. Es la forma más extrema de violencia de género, denunciada prác-

> *¿Cómo es que habéis dejado con vida a todas*
> *las mujeres? Matad ahora a todo varón entre*
> *los niños, matad también a toda mujer que haya*
> *conocido varón y guardad a aquellas que no hayan*
> *conocido varón para nosotros.*
>
> MOISÉS
> Libro de los Números, 31

ticamente a diario en los medios de comunicación, pero no se trata de un fenómeno nuevo ni exclusivo de nuestros días. Basta con consultar la Biblia, libro sagrado y fuente de inspiración para millones de judíos y cristianos: en ella se narran numerosos episodios que abordan esta cuestión de manera contundente, incluso brutal.

También encontramos ejemplos si ahondamos en las raíces políticas de nuestra civilización, en la mitología griega. En la *Ilíada,* Homero describe episodios de la guerra de Troya (ss. XIII-XII a. C.), entre troyanos y espartanos, debida al rapto de Helena de Esparta por el príncipe Paris, de Troya, o a su fuga con él. En uno de los sucesos narrados, Agamenón *da muerte a su propia hija,* sobre la tumba de Aquiles, utilizándola como ofrenda a los dioses para conseguir, según él, «vientos más fa-vorables».

En realidad, los casos de feminicidio pueden situarse en cualquier época, civilización o lugar de la Tierra: la Roma

Causas del feminicidio

Algunas de las posibles causas que podrían explicar el feminicidio son las siguientes:

- **Obtención del favor de los dioses**
  Utilizar a la mujer como «objeto de sacrificio» para gozar del favor de los dioses no es una práctica exclusiva del pasado. En el siglo XXI, algunas religiones fundamentalistas creen poder expiar de esta manera los pecados de la víctima y los de su familia o comunidad (véase la lapidación «por honor»).

- **Sumisión**
  En países donde la vida humana apenas tiene valor y los asesinatos son de una violencia extrema, con incursiones en la droga y la prostitución, el feminicidio pone el punto final a una relación de sometimiento que ya no puede mantenerse por otras vías. Valga como ejemplo el narcotráfico centroamericano, en cuya red de poder económico y de corrupción han perecido a lo largo de las últimas décadas del

siglo xx y las primeras del xxi innumerables mujeres.

- **Infidelidad conyugal**

En un intento por justificar lo injustificable, el feminicidio se sustenta en la idea de que la mujer es la única responsable del adulterio, así como de sus consecuencias, entre las cuales se cuenta el nacimiento de hijos bastardos.

- **Sentido de la propiedad**

En ocasiones, el asesinato es la respuesta a una psicopatía masculina. El amor es entendido como pertenencia, y no como entrega. En la mente del agresor planea la idea de que si la «propiedad», es decir, la mujer no es para él, tampoco será para nadie.

- **Trastornos psíquicos**

Un maltratador afectado por determinados trastornos psíquicos que lo cataloguen de enfermo puede convertirse en asesino si, por ejemplo, entra en el mundo de las drogas o el alcohol. En este caso, las consecuencias atañen tanto al agresor como a la víctima.

imperial, los pueblos bárbaros, la Edad Media, el islam, las culturas pre- y poscolombinas…; en las monarquías absolutistas, durante los siglos de expansión imperialista, en los años de revoluciones, durante los dos conflictos mundiales y en el periodo de entreguerras, en el actual proceso de globalización económica, etc.

Los crímenes de honor

En Pakistán, dos mil mujeres fueron asesinadas por crímenes de honor entre los años 2004 y 2007. El 43 % de ellas murieron a manos de sus maridos; el 24 %, de sus hermanos, y el resto de los crímenes los cometieron familiares cercanos (tíos o abuelos).

- **La lapidación**

  Consiste en que los asistentes a dicho acto lancen piedras contra una persona condenada hasta matarla. Catalogada como un crimen de honor, esta práctica se remonta a la antigua tradición judía e islámica, y sigue aplicándose en el siglo XXI a los adúlteros, especialmente a las mujeres, en algunos estados totalitarios como Arabia Saudí, Irán, Pakistán, Sudán, Yemen, Mauritania, Nigeria, etc.

  Por citar un caso concreto, la iraní Sakineh M. Ashtiani fue apresada y condenada en 2006 a morir lapidada según la ley *sharia,* al ser hallada «culpable» de adulterio. En 2012, su destino sigue en el aire. Según declara Amnistía Internacional, el Gobierno iraní niega que la acusada vaya a ser lapidada, pero no se pronuncia sobre la conmutación de su pena de muerte. La lapidación se ha suspendido por la presión internacional, pero la mujer puede ser ejecutada «en cualquier momento», por ejemplo, por ahorcamiento.

Las muertas de Juárez

El feminicidio en Ciudad Juárez (México) está a la orden del día, en un contexto en el que la vida de la mujer no vale nada. Prueba de ello son, desde hace décadas, los asesinatos de mujeres (¡hasta siete diarios!) que se cometen a manos de hombres: en 2010, se registraron 3.100 casos solo en esta ciudad. Se trata,

Causas de los crímenes de honor

En contra de lo que pueda creerse, se trata de una práctica más cultural que religiosa, pues se dan casos de este tipo de violencia en comunidades de fe muy distinta.

Las causas de este ensañamiento contra la mujer deben buscarse en la cultura propia de cada país. Estas ejecuciones pretenden ser «ejemplarizantes», ya sin duda, de un índice de criminalidad que se eleva muy por encima de la media de cualquier población con un número parecido de habitantes, y que la convierte en una de las ciudades más violentas del planeta.

Violencia machista

En España, como ya vimos, podemos hablar de más de una muerte a la semana por violencia de género y de un total de 826 mujeres asesinadas por sus parejas o exparejas entre 1999 y 2011, según se recoge en las estadísticas del Instituto de la Mujer a partir de los datos de la Delegación del Gobierno para la Violencia de Género.

que con ellas se trata de proteger el estamento del matrimonio y, en definitiva, la familia, y para ello primero hay que «eliminar la mancha».

Los crímenes de honor no son exclusivos de los países islámicos, sino que salpican amplias zonas del mundo: el sur de Asia, Oriente Próximo, Europa, Canadá o Estados Unidos. En estos últimos países, básicamente tienen lugar en el seno de las comunidades de inmigrantes que habitan en ellos.

Preocupa no solo el número de muertes, sino también el hecho de que la mayoría de las agresiones no se denuncian. Desde el Observatorio para la Violencia de Género se advierte de una insólita situación: en España, seis de cada diez mujeres mantienen su relación de pareja y conviven con su cónyuge o excónyuge cuando se produce la muerte por agresión. Debido a ello, desde la Administración pública y numerosas organizaciones sociales se hacen llamamientos para concienciar a la sociedad de la necesidad de denunciar a los agresores, pues con toda seguridad, en los casos de violencia de género, el silencio se convierte en el principal cómplice de estos.

Infanticidio femenino y aborto selectivo

El asesinato de niñas recién nacidas, o en sus primeros años de vida, sigue siendo una realidad, en 2012, en algunas zonas de Asia, principalmente en China e India, pero también en Afganistán, Pakistán y Bangladesh. Ciertos estudios apuntan (basándose en la proporción de niñas nacidas con respecto a los niños) a que estos asesinatos se producían ya en la época de la China imperial y durante la China republicana. Y otro tanto viene sucediendo en India desde hace generaciones, sobre todo en el rico norte agrícola.

En las últimas décadas del siglo xx y las primeras del xxi, el desarrollo de la tecnología punta y su rápida llegada a todos los rincones del planeta ha generado una nueva forma de feminici-

Causas del infanticidio femenino y el aborto selectivo

Según la investigadora Sharon K. Hom, la mujer china está sometida a una enorme presión familiar y social para dar a luz un hijo varón. El nacimiento del vástago le evita tener que enfrentarse a abusos y humillaciones por parte de su familia política que, en caso de nacer una niña, pueden acabar con la muerte de madre e hija. Hom ilustra estos datos con sucesos como los acontecidos a una mujer de Tianjin (China), que ahogó a su hija y después se suicidó, harta de sufrir repetidos abusos físicos infligidos por su marido y su suegra por haber tenido una niña; casos que, asegura, no son únicos.

Estas culturas intentan justificar los asesinatos por factores principalmente económicos, pues la mujer, al ser desposada, pasa a ocuparse de sus hijos y de los padres y familiares de su marido, y deja a sus propios padres desvalidos. Se considera «un carga», pues solo consume y no produce, y la familia del marido debe ser indemnizada crematísticamente por ocuparse de ella el resto de su vida. En este contexto cultural, la pobreza física y mental atribuida a la mujer no deja lugar a otra «solución».

Según la sabiduría popular china, dar a luz una niña es considerado una maldición; se dice que criar a una hija es como regar el campo de otro, pues históricamente los campesinos han dependido solo de sus hijos varones para la subsistencia de la familia. Y, dado que la política del hijo único solo ofrece a las parejas una oportunidad legal, muchas recurren a las máquinas de ultrasonidos para conocer el sexo del feto y abortar en caso de que sea niña.

También un proverbio indio afirma que una mujer casada no está completa hasta que da a luz un hijo varón, ya que el patriarcado de la suegra asegura a la madre de un varón ocupar una posición jerárquica dentro de la familia. Así, el aborto selectivo se convierte en la solución a muchos problemas futuros.

En otros casos, el nacimiento de una niña se concibe como una fuente insuperable de problemas y como un acto de irresponsabilidad que muchos son incapaces de asumir.

Sharon K. Hom afirma que estas formas de violencia contra la mujer son el resultado de una compleja interacción de factores estructurales, sociales, ideológicos y culturales, y que, por tanto, son previsibles. Queremos pensar que lo «previsible» no tiene por qué ser «inevitable».

dio más «sofisticado»: el *feticidio* o aborto selectivo. Consiste en la interrupción del desarrollo de un feto cuando una ecografía da a conocer un fenotipo sexual no deseado, es decir, cuando los órganos sexuales son femeninos. En India, esta práctica está tan sistematizada que incluso da nombre a una zona del país, la denominada *cinturón del feticidio,* que comprende los estados de Punyab y Haryana.

Todo ello se resume en que tanto el infanticidio como el feticidio son los responsables de la «ausencia» de más de cien millones de mujeres en Asia; se trata del mayor desequilibrio demográfico que ha provocado la especie humana en toda su evolución. Un desequilibrio que ha empezado ya a desencadenar algunas consecuencias: por ejemplo, Unicef ha señalado que miles de niñas están siendo compradas como futuras esposas (cuanto más jóvenes son, mayor precio se paga por ellas); también hay constancia de que varias generaciones de hombres solteros no encuentran ni encontrarán esposa y acabarán frustrados sexual y emocionalmente.

Esterilización forzada

La esterilización involuntaria constituye una transgresión de la autonomía reproductiva de las mujeres. Las principales afectadas son las mujeres con sida, problemas de salud mental o discapacidad intelectual, las mujeres toxicómanas y otros grupos vulnerables, sin olvidar la particular extravagancia en Zambia y Tanzania de proponer esterilizar a las invidentes.

Causas de la esterilización forzada

A lo largo de la historia abundan los episodios de genocidio de etnias consideradas inferiores, de voluntades decididas a reducir determinadas poblaciones *non gratas* o grupos marginales.

El neocolonialismo, ayudado por la ignorancia y el analfabetismo de muchas poblaciones rurales, también ha engrosado las listas de mujeres que son llevadas al quirófano (en el mejor de los casos) con engaños, bajo presión y sin consentimiento escrito. En este punto, llama la atención que los países en los que tienen lugar más esterilizaciones sean algunos de los más pobres o cuya población es en su mayoría negra, india o mestiza.

Negociar la deuda externa de un país también puede ser un motivo para promover la esterilización de millones de mujeres. El Banco Mundial y el Fondo Monetario Internacional imponen a los países pobres reducir la tasa de natalidad como cláusula imprescindible en la concesión de sus préstamos. De nuevo, el cuerpo de la mujer como moneda de cambio.

Sin embargo, se conocen casos de esterilización forzada en todo el mundo que no responden a estos criterios, sino a un tipo específico de violencia de Estado: mujeres y niñas romaníes en Europa; mujeres indígenas en Perú, Brasil, Guatemala, Estados Unidos y Canadá; mujeres pobres en India, Tailandia y Bangladesh... Poblaciones enteras que ven condicionado el suministro de alimentos, ropa o simples abalorios a la esterilización de sus mujeres. Una práctica compulsiva comprobada y condenada en los tribunales que no cesa.

Presiones para abortar

Dejando de lado el continente asiático y la presión ejercida sobre las mujeres para que aborten los fetos femeninos, en este apartado nos centramos en el caso de España.

De acuerdo con los datos publicados por el Ministerio de Sanidad, Servicios Sociales e Igualdad, el principal motivo para la interrupción voluntaria del embarazo es el riesgo para la salud materna o del feto, seguido de la violación. Sin embargo, según algunos colectivos antiabortistas como la Fundación RedMadre, en 2010 y 2011, más del 80 % de las mujeres que atendieron no querían abortar, pero se veían abocadas a hacerlo por presiones de diversa índole: obligadas por su pareja, por su familia, por el miedo a ser despedidas de su puesto de trabajo, por desprestigio social (madres solteras), etc. En cualquiera de los casos, lo cierto es que las ayudas y el apoyo a la maternidad por parte de la

Administración pública para llevar a término un embarazo son mínimos.

La despenalización del aborto ha sido uno de los cambios más importantes registrados en España en las últimas décadas del siglo xx y en las primeras del xxi. La Ley del Aborto de 5 de julio de 2010 amplía los supuestos anteriores y establece el aborto libre hasta la semana 14 de gestación, y hasta la 22 en caso de riesgo serio para la salud de la madre o de graves anomalías en el feto. Fija en los dieciséis años la edad mínima para decidir la interrupción voluntaria del embarazo, aunque por lo menos uno de los padres o tutores debe ser informado, salvo cuando esta circunstancia reporte a la mujer un conflicto con riesgo de amenazas o desate un episodio de violencia familiar, en cuyo caso decidirá el médico. La menor debe ir acompañada como mínimo por su padre o madre o por un representante legal.

Embarazos no deseados en adolescentes y sus causas

Cuando la embarazada es una adolescente, además de la posible presión familiar o de su pareja para que aborte, existen una serie de realidades que no se pueden obviar:

- Fisiológicamente, el cuerpo de una adolescente aún no ha terminado de formarse, su pelvis es más estrecha que la de una veinteañera y el embarazo y el alumbramiento presentan muchas más complicaciones, incluido el riesgo de muerte.

— Psicológicamente, la adolescencia es una edad de cambios, de formación de la propia identidad, y algunas decisiones requieren gran madurez.

— Desde un punto de vista económico, las adolescentes carecen de independencia.

— A todo ello se suman innumerables dificultades añadidas; por ejemplo, el miedo a truncar el futuro de la joven, ya que las madres adolescentes suelen dejar sus estudios a una edad temprana y ello condiciona su futura vida laboral y su libertad económica.

— La ignorancia, el desconocimiento o la falta de información conveniente sobre otras opciones lleva a la joven a decantarse por el aborto.

— La mujer adolescente se halla desprotegida ante la ley, que no la ampara ni la apoya para seguir con su embarazo, ni tampoco se pronuncia cuando los padres fuerzan a abortar a su hija en contra de su voluntad.

Todo ello se traduce en un conflicto interno, en un cúmulo de presiones que hacen que la balanza se incline hacia el aborto.

En España, según datos del Instituto Nacional de Estadística (INE), 1.659 mujeres menores de dieciocho años de edad fueron madres durante el primer semestre de 2011 y, de ellas, casi el 20% tenía quince años o menos. También resulta cuando menos significativa la cifra de 15.307 abortos en mujeres menores de veinte años en España a lo largo de 2007. El total de los abortos en este país ese mismo año sin considerar la edad de las mujeres fue de 112.138.

Por último, conviene reflexionar acerca del papel que desempeñan las políticas de salud reproductiva en cada país, dado que los programas de educación sexual y el acceso a métodos anticonceptivos eficaces son factores, entre otros, que inciden de manera relevante en estas cifras.

Violencia obstétrica: cesáreas y episiotomías innecesarias

Según los datos del INE, que coinciden con los del Ministerio de Sanidad, Servicios Sociales e Igualdad, en España el porcentaje de nacimientos por cesárea se mantiene próximo al 25 % en la sanidad pública, y llega al 35 % en la privada. Es una tendencia generalizada en todos los países desarrollados y denunciada año tras año por la OMS. Este organismo estima que la cifra no debería superar el 15 % dados los peligros que entraña para la mujer y su hijo, durante el parto y después de él: mayor riesgo de infecciones y hemorragias, además de una hospitalización y una recuperación más largas.

Se considera que esta práctica es abusiva y representa una violencia contra la mujer cuando se realiza de manera innecesaria.

En cuanto a la episiotomía, la OMS solo la aconseja en partos difíciles (instrumentalizados, de nalgas, con sufrimiento fetal, etc.), pero no como técnica preventiva rutinaria para evitar desgarros, pues con frecuencia conlleva otros males.

Mutilación genital femenina o ablación

Consiste en la mutilación y extirpación total o parcial de los genitales externos femeninos. Esta práctica atroz, habitualmente perpetrada por mujeres del entorno familiar, es un abuso contra el cuerpo y la sexualidad de las niñas y las mujeres, y una vulneración de sus derechos humanos fundamentales.

Aparte de las consecuencias físicas y psicológicas que entraña esta operación (dolor intenso por practicarse sin anestesia, hemorragias e infecciones por utilizar instrumentos rudimentarios, quistes, sepsis y un largo etcétera), la mujer ve reducido o anulado su deseo sexual y su cuerpo limitado a una mera función reproductora.

La mutilación puede ser más o menos extensa, en forma de:

- Circuncisión, o amputación del prepucio del clítoris.
- Clitoridectomía, con amputación total o parcial del clítoris.
- Infibulación o circuncisión faraónica, con extirpación del clítoris y de los labios mayores y menores. Después del acto, se cosen ambos lados de la vulva y se deja solo una abertura para la salida de la sangre menstrual y la orina.

Según la OMS, más de ciento treinta millones de mujeres y niñas de todo el mundo padecen en la actualidad alguna de estas mutilaciones. En Europa, se calcula que la cifra supera el medio millón.

Estas prácticas se encuentran penalizadas por la ley en casi todos los países del mundo; sin embargo, esto no impide que se sigan llevando a cabo en muchas zonas de África como Senegal, Gambia, Egipto y Etiopía; en Oriente Medio, en Asia y en América del Norte, Australia y Europa, en estas últimas básicamente entre la población inmigrada en décadas recientes.

Causas de la mutilación genital femenina

Aunque se desconoce su origen, se cree que podría tratarse de una práctica milenaria aparecida en el antiguo Egipto, anterior al nacimiento del islam.

Las motivaciones de este tipo de mutilación no deben buscarse solo en la cultura, sustentada en factores religiosos, pues coexisten también otros elementos sociales que empujan a muchas madres a permitir que se la practiquen a sus hijas. Pero, en realidad, ninguna religión exige mutilaciones, ningún texto sagrado habla de ello.

Obviamente, la finalidad tampoco es terapéutica. Revestida de engañosas creencias y tradiciones que tratan de justificar la intervención como un trámite para

Existe un momento de riesgo real cuando las familias inmigrantes regresan a sus países de origen, bien sea definitivamente o durante un periodo vacacional, y se reencuentran con su antigua comunidad. Ante la sospecha de un inminente problema, la mejor arma es la prevención. La solución pasa por sensibilizar y concienciar a los padres sobre la importancia de respetar la integridad física de sus hijas, para que abandonen dicha práctica por propio convencimiento, más allá de las normas legales que imperen en uno u otro país.

hacer a la mujer más pura y digna del matrimonio, y aprovechando la ignorancia de las personas, la mutilación genital femenina oculta un motivo bien antiguo: el afán del hombre por controlar la libre sexualidad femenina. Para evitar toda suerte de conflictos que de ella se derivan, y que dificultan el sometimiento de la mujer al hombre, se ataca el mal de raíz, es decir, su deseo sexual, y con ello la supuesta promiscuidad de la mujer, sus posibles infidelidades y las consecuencias de estas: los hijos bastardos.

Hoy somos conscientes, y lo denunciamos, de que este control obedece a la necesidad de autoafirmación masculina, de un sistema social que se fundamenta en la desigualdad entre mujeres y hombres.

La ablación es un abuso contra el cuerpo y la sexualidad
de las niñas y las mujeres, y una vulneración de sus derechos humanos
fundamentales.

Matrimonios forzados

Este tipo de matrimonios afectan sobre todo a las mujeres en muchos países del mundo. Son uniones concertadas habitualmente por sus padres, a menudo cuando la mujer es apenas una niña, cuyo consentimiento no se solicita ni siquiera para

Causas de los matrimonios forzados

El principal motivo por el que se planean estos matrimonios es económico; esto es así tanto en las distintas zonas de África como en Asia, e incluso en América Latina. Sin embargo, hay otras razones de peso que se consideran al tomar la decisión:

- Asegurarse de que los bienes materiales permanecen en la misma familia y se incrementan con la unión.
- Satisfacer deudas antiguas o cumplir con obligaciones contraídas por los padres, por honor familiar y por llevar a efecto la promesa de matrimonio de las hijas (promesa hecha por los padres).
- Reforzar los vínculos familiares, protegiendo con ello las tradiciones, la cultura o la religión de una comunidad generación tras generación. Ejemplo de ello son los colectivos de etnia gitana.

practicarle una prueba de virginidad. Se pactan con adultos a los que apenas o nada conocen, pero que han sido elegidos por distintos motivos, principalmente económicos.

Muchos de estos matrimonios se acuerdan en la tierra de procedencia de la mujer, donde perviven normas culturales ancestrales; sin embargo, debido al fenómeno de la globalización, pueden ejecutarse en su país de acogida sin que las autoridades apenas puedan hacer nada al respecto. Es un tipo de violencia difícil de detectar porque se produce en el entorno familiar y está acompañada de muchas presiones por parte de la comunidad.

La mujer es utilizada como objeto de cambio y tratada como un ser incapaz de decidir lo mejor para sí y su futuro. El problema se agudiza cuando la desposada no colma las expectativas de su familia política, lo que le augura un oscuro futuro.

Mención especial merece la cuestión del honor, muy ligado a este tipo de matrimonios. En algunas culturas, este concepto es muy importante, ya que el honor de la mujer atañe a toda la familia, tanto para bien como para mal, y puede estar por encima de la integridad física de las personas. Se le otorga tanto valor que poner en entredicho el buen nombre de la familia o su prestigio puede desembocar en un crimen. Se trata entonces de restituir el honor, es decir, eliminar a la mujer que lo ha dañado.

Otro tanto sucede cuando el matrimonio se disuelve por fallecimiento del marido. La viuda puede ser maltratada por la familia y por la comunidad. En ocasiones, se la fuerza a unirse al hermano del difunto; otras veces se la incita al suicidio. Un caso de marginación extrema es el que ocurre en India, donde las viudas se convierten en una carga para la familia política hasta tal punto que, víctimas de maltratos y de la desesperación, muchas se ven obligadas a emigrar a las denominadas *ciudades de las viudas,* donde malviven en la miseria y en la pobreza.

Explotación sexual

La llamada *profesión más antigua del mundo* sigue teniendo un importante peso específico en todos los países. En ocasiones, las prostitutas son dirigidas por personas individuales, hombres que las controlan, pero también son frecuentes los grupos organizados, verdaderas mafias que las coaccionan mediante la violencia física o psicológica durante gran parte de sus vidas. La mujer es tratada como un objeto, y se la somete a la voluntad del hombre mediante extorsión, amenazas, agresiones…

Con frecuencia, la explotación sexual está ligada a la trata de personas, una nueva forma de esclavitud que vulnera los derechos humanos de niñas y mujeres, y que las ata a una deuda económica que difícilmente pueden liquidar.

En nuestra sociedad, los ejemplos de este tipo de violencia de género son tan frecuentes y próximos que no precisan ningún aval que los haga creíbles. Sin embargo, donde más estragos hace esta violencia es en aquellos países en los que la explotación sexual comienza ya en la niñez. El denominado *turismo sexual* es una realidad en gran parte de Oriente y de América Latina, un lucrativo negocio promovido por Occidente, que expone a sus víctimas a traumas físicos y psicológicos y a toda una suerte de enfermedades de transmisión sexual.

La explotación sexual es un delito transnacional que no solo atenta contra la seguridad de las personas, sino que afecta al conjunto de la sociedad, especialmente a las capas y los colectivos sociales con menos recursos económicos.

Agresión sexual: violaciones

Ya sea dentro o fuera del matrimonio, la violación esconde un profundo odio a la mujer, a la que se arrebata por la fuerza el poder sexual. En España, conforme a los datos del Instituto de la Mujer, en el año 2009 se produjeron 6.573 delitos conocidos de abuso, acoso y agresión sexual.

Causas de la explotación sexual

El principal motivo de esta forma de violencia de género es, obviamente, económico. Según un informe de la ponencia sobre prostitución de las Cortes Generales españolas de 2007, la explotación sexual es el segundo negocio más lucrativo del mundo, solo superado por el tráfico de armas y por encima del tráfico de drogas, con unas ganancias anuales de entre cinco y siete billones de dólares, y moviliza a cuatro millones de mujeres y niñas que son obligadas a prostituirse.

Según estudios realizados por la London Metropolitan University, las denuncias por violación en Europa oscilan entre el 2/100.000 habitantes de Hungría y el 51/100.000 de Suecia, cifras escandalosas en el siglo XXI y en cualquier lugar del mundo. Sin embargo, como toda violencia sexual, este es un problema global, una manifestación común de la violencia de género, que se acentúa en los colectivos con mayor indefensión: las niñas y las adolescentes.

Otro tanto debe decirse de las violaciones sistemáticas que se producen durante los conflictos armados. Ciertamente, los datos disponibles resultan cuando menos inquietantes. Se estima que unas 200.000 mujeres y niñas fueron violadas durante el conflicto armado de Bangladesh en 1971; en Ruanda, entre

Esta situación es fruto de la desigualdad de sexos, pero también de la pobreza y la diferencia de oportunidades entre las personas. No obstante, conviene resaltar que es precisamente la «demanda» de servicios sexuales lo que sustenta la industria del sexo. Aparte de las labores que realiza la Administración pública a este respecto (prevención, protección de los colectivos más vulnerables y lucha contra las personas y grupos que se benefician de la prostitución), hay una cuestión en la que todo el mundo puede implicarse: reducir la demanda apoyando la concienciación social.

250.000 y 500.000 durante el genocidio de 1994, y en la guerra de Bosnia, entre 20.000 y 50.000 a principios de la década de 1990, por citar solo algunos ejemplos.

Aparte de las repercusiones sociales e individuales, toda violación constituye un problema de seguridad y de salud pública, y, como consecuencia, un obstáculo para la convivencia y el respeto de los derechos humanos.

Causas de las violaciones

Los motivos deben buscarse, por un lado, en desequilibrios mentales, y, por otro, en el odio del agresor.

Durante los enfrentamientos armados, la violación ha sido utilizada para:

- Humillar al contrario.
- Desplazar de su tierra a comunidades enteras.
- Propagar intencionadamente el sida.
- Hacer de las mujeres un «botín de guerra».
- Demostrar el odio al pueblo enemigo, recurriendo al principio atávico de violar el espacio privado «del otro», de hacer cargar a la mujer con el hijo de su enemigo, introduciéndolo por la fuerza en su árbol genealógico.

Privación de libertad

Aunque parezca imposible que tal abuso siga teniendo lugar, no lo es. Tampoco en nuestro medio ni en nuestro tiempo. Para muestra, un botón: en Cataluña, la policía autonómica, los Mossos d'Esquadra, liberó el 25 de marzo de 2010 a una mujer de

Causas de la privación de libertad

El psicópata que priva a una mujer de su libertad física considera a esta un «objeto» de su propiedad con el que puede hacer lo que le plazca, como prohibirle relacionarse con sus amistades y familiares e incluso salir a la calle.

Como otras formas de maltrato, la privación de libertad responde al objetivo de «controlar, someter, dominar y mantener una posición de autoridad y poder en la relación. Se sustenta sobre la previa existencia de una relación desigual de poder y su fin último no es lesionar, sino el sometimiento, la dominación y el mantenimiento de la autoridad y el poder».[1]

---

[1] *La violencia contra las mujeres. Propuestas terminológicas.* Emakunde. Comisión de Seguimiento del Acuerdo Interinstitucional, 2007.

veintisiete años cuyo marido la había mantenido encerrada en su domicilio y sin posibilidad de salir de él durante dieciocho meses.

El aislamiento social y la imposibilidad de establecer contacto con el mundo tienen efectos perniciosos sobre la salud física, psicológica y emocional de las víctimas. Socavan su autoestima y pueden desarrollar un síndrome de Estocolmo: subestimar el peligro que se corre, justificar la conducta del maltratador e incluso autoculpabilizarse.

Violencia física por causas religiosas o culturales

Este tipo de violencia es todavía posible en países donde la tradición religiosa está representada por los tribunales islámicos, en aplicación de la ley *sharia*. Estos tribunales funcionan de manera exclusiva o paralela a los civiles, y prácticamente con el mismo poder, si no más.

Como ejemplo, sirve el fallo del ministro de Interior de Malasia, Hishammuddin Husein, que declaró que el adulterio profana la pureza del islam, por lo que en febrero de 2010 tres mujeres fueron sometidas a castigos físicos para poder ser perdonadas y volver al «recto camino». O la muerte de Hena Begum, una niña de catorce años que murió desangrada en Bangladesh, en febrero de 2011, tras recibir ochenta latigazos por mantener relaciones sexuales con su primo.

La imposición de una forma de vestir también puede considerarse un modo de violencia de género: es el caso del burka, que envuelve todo el cuerpo; del nicab, que cubre desde la cabe-

La imposición de una forma de vestir también puede considerarse
un modo de violencia de género.

za hasta las rodillas o los pies, pero deja libre la zona de los ojos; del chador, que deja la cara despejada, o del hiyab, que tapa el cabello y el cuello pero deja el rostro al descubierto. En muchos casos, el uso de estas prendas está impuesto por los familiares, el marido o el imán. En otras ocasiones, resulta difícil distinguir si se trata, realmente, de una decisión libre y voluntaria de la mujer, o si se la fuerza a vestir tal indumentaria implícitamente desde la cultura y la interpretación religiosa de su comunidad. En este punto, su uso es complicado de legislar en países que se

Causas de la violencia física por causas religiosas o culturales

Las lecturas fundamentalistas de textos religiosos o antiguas tradiciones permiten que la mujer sea castigada si no acepta determinadas formas de vida e, incluso, ciertas maneras de vestir.

Todo este consentimiento «voluntario» es fruto de la cultura y la educación recibidas durante generaciones, y resulta por tanto difícil de erradicar.

Estas costumbres entran en conflicto con los derechos y libertades conseguidos paso a paso y tras muchas dificultades por las mujeres, especialmente durante los siglos XIX y XX. La convivencia entre las distintas culturas se torna, pues, difícil.

rigen por democracias laicas y por constituciones que reconocen la libertad de las personas, también en su manera de vestir.

En los países de tradición católica, ocurre algo similar con el hábito en las órdenes religiosas. Si bien es cierto que quien decide pertenecer a una determinada comunidad conoce de antemano que el hábito puede ser uno de sus signos de identidad, también lo es que se trata de una imposición implícita, que limitará en el futuro su capacidad de decisión. En la práctica, las religiosas que renuncian al hábito ven discriminada su participación en ciertas celebraciones, como las recepciones por el papa, por ejemplo.

Aun de manera menos pronunciada, en las comunidades cristianas tradicionales también se insta a las niñas y jóvenes desde sus centros educativos a vestir «decentemente». Se las obliga a cubrir sus hombros, reducir escotes, eliminar prendas ajustadas y mesurar el largo de sus faldas so pena de no poder asistir a clase. Todo en pos de respetar la religión y facilitar la convivencia entre sexos en el aula.

Otro tipo de violencia, quizá no tan pronunciada pero no menos grave, consiste en increpar en la calle a una mujer por el hecho de serlo, o por cómo viste, ya sea por la mucha o por la poca ropa que lleva, o por cómo la lleva.

Discriminación laboral

Se produce cuando a una mujer, por su sola condición femenina, se le prohíbe desempeñar determinados trabajos (conducir, legislar, practicar determinados deportes, pertenecer a cuerpos militares, de seguridad, de la Iglesia, etc.). Es un tipo de violencia de género ampliamente extendida.

En Occidente, la discriminación laboral consiste en retribuir a las mujeres con sueldos inferiores, incluso cuando estas realizan el mismo trabajo que los hombres, o en el difícil acceso de la mujer a los altos cargos en la jerarquía de una empresa. Veamos algunos datos, a título de ejemplo:

- En la Unión Europea, las mujeres ganan, de media, el 17,4 % menos que los hombres por hora trabajada. En España, la diferencia es del 16 %, según un estudio presentado en 2010 por el Ministerio de Igualdad.

Causas de la discriminación laboral

Se sustentan, fundamentalmente, en intereses económicos y culturales, que tratan de justificar que, en igualdad de circunstancias, la mujer está menos preparada o rinde menos que el varón.

Un estudio realizado en el año 2010 por el Centro de Investigaciones Sociológicas (CIS), en el que participaron 2.487 personas, demuestra que la crisis desatada en la primera década del siglo XXI suscita crecientes dudas sobre la igualdad de sexos. El 20 % de los encuestados creen que, en momentos de crisis

– Solo el 6,5 % de las mujeres desempeñan cargos importantes que implican tomar decisiones, frente a la paridad recomendada por la Unión Europea.
– Además de haber más mujeres que hombres en paro, estas son las más afectadas en el desempleo de larga duración. Según un informe del sindicato UGT, el paro crónico está compuesto en el 75 % por mujeres.

Todas estas cifras no hacen sino confirmar la existencia de este tipo de violencia de género.

En cuanto a la retribución económica, en España la media anual para las mujeres es de 16.110 €, unos 5.300 € menos de

económica, los varones deberían tener preferencia sobre las mujeres para acceder a un puesto de trabajo remunerado.

El 75 % opina que, en las mismas condiciones, la mayoría de las empresas prefieren a los varones para los puestos de responsabilidad. En su defensa, argumentan que las mujeres disponen de menos tiempo debido a sus cargas familiares (cuidado de los niños, de personas mayores y del hogar). Es tal vez una forma de encubrir la realidad: para ellas existe un «techo de cristal», ya que pocas alcanzan verdaderos puestos de decisión.

lo que perciben los varones, según un estudio realizado por Gesta y publicado en el informe *Retribución laboral por géneros,* publicado en marzo de 2011.

Todos estos datos, tomados solo como ejemplo, evidencian lo lejos que se está todavía de la igualdad de sexos, al menos en este campo.

En otras zonas del mundo, por ejemplo allí donde la crisis parece gestionarse de manera más eficiente, como en los países BRIC (acrónimo de Brasil-Rusia-India-China), la situación no es muy diferente.

Para la mujer brasileña, según el documento central de la Confederación Internacional de Organizaciones Sindicales Libres (CIOSL), en su VII Conferencia Mundial, y reconociendo que la legislación laboral de Brasil es una de las más avanzadas de América Latina, la situación está muy lejos de ser justa. Basta con repasar las cifras para ver que en São Paulo, en pleno corazón industrial de Brasil, apenas el 13% de los cargos ejecutivos están ocupados por mujeres, y en general, en la industria brasileña, las féminas ganan el 56% del salario que recibe un varón por la misma función, mientras que en el sector servicios perciben el 70%.

En Rusia, y a pesar de la revolución comunista de 1918, puede decirse que la mujer es más femenina que feminista. Un dato esclarecedor es que nunca una mujer ha sido miembro del *politburó.* Según el periodista Daniel Utrilla, la mujer rusa vive en una sociedad en la que el varón paga mientras ella solo espera a que la saquen a bailar para encontrar un marido que le permita cuidar de sus hijos y de su hogar. Un perfil que recuerda el de la España de la década de 1950.

En India, las mujeres no solo se enfrentan a la discriminación laboral, social y política, sino que además son rechazadas al nacer, como ya hemos indicado en apartados anteriores.

Tampoco en China la mujer sale mejor parada. Ancestralmente, su principal objetivo era el matrimonio, tras el cual pasaba del dominio del padre o del hermano al del marido o el suegro. Con la llegada del comunismo, se hizo un gran esfuerzo para promover la igualdad de sexos, pero queda todavía mucho trabajo por hacer para que la mujer china disfrute de los logros conseguidos por la mujer europea, sobre todo por la de los países nórdicos.

Así las cosas, no parece que la situación de las mujeres de los países emergentes, desde el punto de vista económico, pero también social y cultural, pueda ser un ejemplo.

Acoso *laboral* o mobbing

Se define como un conjunto de ataques que se repiten de manera insistente, de modo directo o indirecto, durante el horario de trabajo, habitualmente ejercidos por varones que ocupan un cargo superior al de la acosada.

Este es un tipo de violencia plenamente vigente en las sociedades desarrolladas. Según datos del Instituto de la Mujer, el 15 % de las mujeres trabajadoras sufren acoso laboral, difícil de denunciar a causa de la necesidad de mantener el puesto de trabajo, sobre todo en épocas de crisis.

El acosador trata de desprestigiar a su víctima, de humillarla relegándola a trabajos secundarios y de mantenerla incomunicada. Este asedio psicológico es consecuencia de un abuso de poder que tiene lugar en una relación asimétrica. Pero no someterse a los requerimientos del acosador tiene consecuencias para la mujer: no conseguir un determinado trabajo o no poder acceder a cargos de mayor responsabilidad o mejor remunerados, traslados no deseados e incluso despidos improcedentes. En este último caso, a veces es la propia víctima la que decide

Causas del acoso laboral

Hay que buscarlas en el sentido de «poder» y de «dominio» del que ocupa el cargo de superior. Este confunde los campos laboral y personal, y pasa de uno a otro con total impunidad, mostrando falta de respeto a la mujer y ejerciendo, si cabe, la violencia.

No es extraño, además, que el acosador intente culpar de la situación a la acosada, ya sea por su forma de vestir o por su manera de comportarse.

La base de este comportamiento reside en la cultura machista, según la cual se considera a la mujer una pertenencia del hombre y la «culpable» de la falta de control sexual, o de otro tipo, del varón.

dimitir por no encontrar otra solución para desembarazarse de su agresor.

Acoso sexual

La Directiva 2002/73 de la Comunidad Europea define el acoso sexual como toda situación en la que se produce «un comportamiento verbal, no verbal o físico no deseado de índole sexual con el propósito o efecto de atentar contra la dignidad de una persona, en particular cuando se crea un entorno intimidatorio, hostil, degradante, humillante u ofensivo».

Causas del acoso sexual

Las causas de este tipo de agresión radican de nuevo en las relaciones asimétricas, en las que el hombre, el «patrón», ocupa un rango superior al de la mujer, la «empleada».

Se trata de arraigadas creencias socializadoras que otorgan a la fémina un papel pasivo en las relaciones sexuales, a la espera de un varón activo que la seduzca, y que dan por supuesto que ella siempre está dispuesta a satisfacer sus requerimientos.

Es un tipo de violencia que incluye desde comentarios y bromas groseras y ofensivas, miradas y gestos obscenos, y un acercamiento físico excesivo hasta tocamientos y roces, en apariencia no intencionados y casuales.

Puede producirse en el ámbito familiar, social o laboral, pero cuando se manifiesta en este último entra en juego la intención del acosador: perjudicar o beneficiar a la mujer en su lugar de trabajo en función de si esta accede o no al intercambio sexual requerido.

Tampoco están exentos los centros educativos, donde todos los años adolescentes y niñas son víctimas de algún tipo de acoso sexual por parte de sus maestros, entrenadores o compañeros de escuela varones, en especial durante la práctica de actividades deportivas.

Violencia psicológica

Este tipo de violencia es tan frecuente en nuestro día a día que en muchas ocasiones pasa desapercibida. A título de ejemplo, tomemos algunos aforismos y tópicos sobre las agresiones psicológicas a la mujer a lo largo de distintos periodos de la historia:

> Es preferible la malicia de un hombre a la bondad de una mujer.
>
> EL ECLESIASTÉS (s. III d. C.)

La mujer posee una naturaleza defectuosa e incompleta.

Santo Tomás de Aquino
Teólogo y filósofo italiano (s. XIII)

La mujer está vacía de todo mérito y en ella solo existe soberbia, arrogancia, orgullo, ira, falsedad e injuria.

Giordano Bruno
Filósofo italiano (ss. XVI-XVII)

La mujer es un animal que se complace solo en mirarse al espejo.

San Agustín
Padre de la Iglesia latina (ss. IV-V d. C.)

¿La mujer? Solo el diablo sabe lo que es. Yo no lo sé en absoluto.

Sigmund Freud
Neuropsiquiatra austríaco (ss. XIX-XX)

Estos contados ejemplos, dado el abultado número de ellos que podría recopilarse, señalan algunas de las presiones psicológicas que han sufrido las mujeres: han sido etiquetadas de manipuladoras de mentes, provocadoras del pecado, poseedoras de «escasas luces», etc.

Como ataques a la condición intelectual y moral de la mujer, refieren su minusvalía, la desvalorizan, la banalizan, la cosifican… Llama la atención que estas y otras desafortunadas frases hayan sido escritas por varones considerados santos, hombres de ciencia y hábiles estrategas de todos los tiempos, algunos de los cuales probablemente no habrían alcanzado sus logros sin las mujeres que los apoyaron y creyeron en ellos. Tal vez la violencia de género no entiende de religiones, de ideologías ni de batallas, pero tampoco podemos acusar a la biología, pues eso sería eximir a los hombres de sus acciones, y todo ser humano —aunque condicionada— tiene *capacidad de elección.*

Causas de la violencia psicológica

Tiene sus raíces en el inconsciente colectivo y en psicopatías que, muchas veces en forma de humor, ridiculizan los valores físicos o intelectuales de las mujeres.

Mediante este tipo de agresiones, los varones pretenden mantener su estatus de dominio en la sociedad, y para ello rebajan el nivel de autoestima de la mujer en su conjunto.

En la pareja, las agresiones psicológicas se manifiestan por ataques continuados, por el recuerdo repetido de errores cometidos y de disfunciones en determinadas habilidades, por la hostilidad verbal, etc.

Violencia económica

Algunas mujeres están sometidas a un rígido control económico por sus parejas, que se hace más intenso progresivamente, de manera que no es libre ni responsable para utilizar los recursos compartidos ni para realizar cualquier tipo de compra sin supervisión, pues, según su violentador, ella es incapaz de controlar su economía personal y menos aún la familiar.

En momentos de crisis económica, la entrada de dos sueldos en una familia nuclear suaviza las tensiones, no así cuando el «proveedor» es solo uno de los cónyuges, normalmente el varón, pues a la crisis sentimental se suma la dependencia económica de la mujer. Y aún puede ser peor si el trabajador ha de afrontar inesperadamente, por ejemplo, un expediente de regulación de empleo (ERE). Hay circunstancias difíciles, de extrema precariedad social y laboral, que pueden obligar a que muchas mujeres y hombres opten por compartir el domicilio conyugal sin ser

Causas de la violencia económica

La economía es una excusa del hombre para minar la autoestima de la mujer. Trata de hacerle creer que es incapaz de gestionar sus propios bienes o los de la pareja. De este modo, el agresor la somete a una mayor dependencia.

ya una pareja; una situación ante la cual es preciso estar muy alerta, por cuanto esta convivencia forzada puede convertirse en un campo abonado para la violencia de género.

Mención aparte merece el colectivo de las mujeres que se hallan totalmente desvinculadas del mundo laboral y dedicadas en exclusiva al cuidado del hogar y de los hijos. En efecto, cuando estos crecen y se independizan, la mujer ve reducidos sus ingresos, corre el riesgo de que su expareja le reclame su justa parte de la vivienda que ha ayudado a pagar y su jubilación puede quedar de nuevo en dependencia y en entredicho.

Maltrato social

Se priva a la mujer de la libertad de organizar su tiempo, por ejemplo, para visitar amistades o para viajar sola. Con ello, se

Causas del maltrato social

En la actualidad, el varón psicópata que ejerce un maltrato social contra la mujer busca limitar la libertad de su pareja fuera de su dominio, donde podría intentar recomponer su maltrecha imagen y autoestima, y descubrir el tipo de persona con la que convive.

transforma en su propia carcelera sin necesidad de llave. No hace falta irse muy lejos. Hasta finales del siglo xx, en España, una mujer no podía realizar compras de gran envergadura o viajar al extranjero sin el consentimiento paterno o del marido. Es una de las consecuencias del patriarcado, que ha excluido históricamente a la mujer de la sociedad en los ámbitos cultural, político, económico...

Violencia publicitaria y en televisión

Gran parte de la publicidad con la que debemos convivir todos los días contiene explícita o implícitamente mensajes sexistas que alimentan la violencia de género: mujeres que cocinan, lavan, planchan estupendamente y mantienen el inodoro en perfecto orden de revista; mujeres que trabajan siempre *para* algún hombre; mujeres seductoras... Son estereotipos que relegan a la fémina a un segundo plano; imágenes que, a fuerza de su cotidianidad, permean en la conciencia de los hombres, los hacen sentir dueños del cuerpo de ellas y propician la creencia de que tienen derecho a maltratarlas o a pagarles sueldos inferiores.

Por si esto fuera poco, el «mercado» utiliza técnicas de alienación para manipular la voluntad de las mujeres: les dicta cómo deben vestir, cómo alimentarse ella y su prole, cómo debe ser su cuerpo y qué hacer para, digamos, «actualizarse» (colocarse prótesis mamarias, alzarse los glúteos... Mujeres bellas, atractivas, provocativas, como objetos sexuales para satisfacer las fantasías masculinas).

Esta cuestión ha alcanzado tal magnitud que incluso organismos internacionales como la ONU han pedido en sus comunicados acabar con la violencia publicitaria contra la mujer.

En conclusión, la publicidad debe respetar la dignidad de las mujeres y su derecho a ofrecer una imagen no estereotipada ni discriminatoria, tanto si se muestra en los medios de comunicación públicos como si lo hace en los privados.

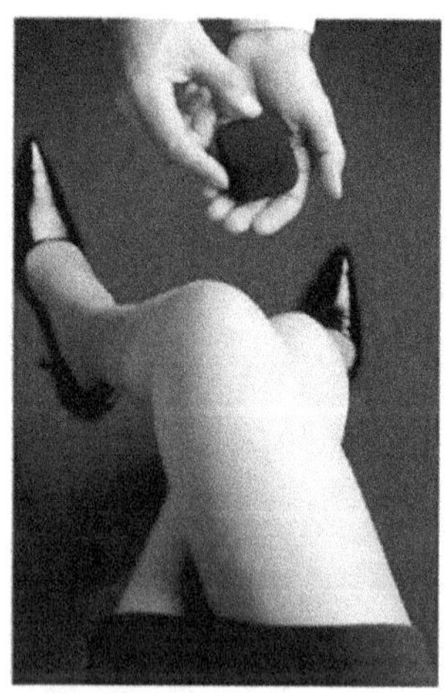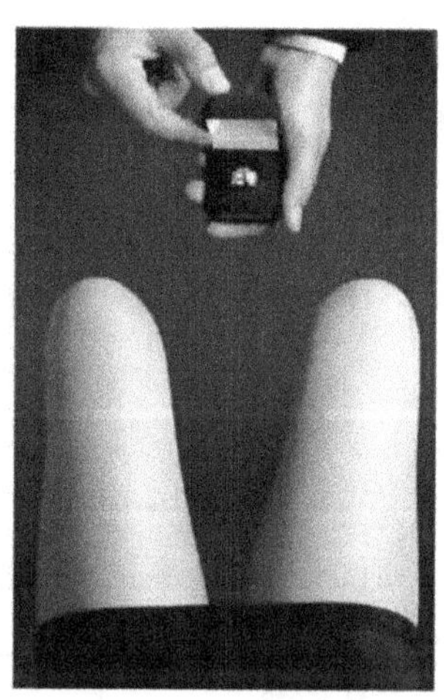

En agosto de 2002, la famosa joyería Natan publicó un comunicado en el que se exculpaba de la polémica publicidad que se había filtrado en internet y que había suscitado numerosas protestas. Las imágenes de «Closed legs/Open legs», creadas por la empresa F/Nazca Saatchi & Saatchi, no habían sido autorizadas ni ideadas por Natan, según esta misma firma. Curiosamente, dos anuncios de esa misma campaña, «Bald Head/Hairy» y «Fat/Thin», ganaron una medalla de plata en la edición del Festival de Publicidad de Cannes de ese mismo año.

La sociedad debe ser consciente de que la violencia que se promociona en los medios de comunicación, en especial mediante la televisión y el cine, acaba trasladándose a la calle y al seno de las familias.

Un estudio dirigido por la psicóloga Concepción Fernández Villanueva en 2008 sirvió para descubrir que en España las televisiones emiten una media de 23,7 actos violentos cada hora, es decir, una manifestación de violencia cada menos de tres minutos, la mayor parte de las cuales en el horario de protección infantil. El

Causas de la violencia publicitaria y en televisión

En el plano individual, muchos creativos publicitarios deberían cambiar de mentalidad respecto a su concepción de las condiciones femenina y masculina en la actualidad, y prescindir de viejos y caducos estereotipos.

En el plano general, aún existe poca sanción social con respecto a la publicidad sexista. Sin embargo, es precisamente el firme rechazo de la población y la condena de los mensajes equivocados lo que más incide en crear políticas que regulen la publicidad y penalicen aquella considerada violenta y sexista.

mismo estudio cuantificaba que, de la violencia emitida, el 60 % de las manifestaciones correspondían a daños físicos; el 30 %, a violencia de tipo social (insultos, desprecio, retención, violencia simbólica, etc.), y el 10 %, contra la propiedad.

Todo ello es especialmente grave si se considera que, según el Estudio General de Medios del año 2009, la media de visionado en España es de 229 minutos al día, y que los más pequeños ven la televisión entre dos y tres horas diarias, promedio que asciende a cuatro y cinco horas los fines de semana.

Falsa conciliación laboral y familiar

El incumplimiento de los pactos acordados con la pareja también es un tipo de violencia de género. Lo demuestran algunos datos referidos a España del trabajo realizado por Marga Mari--Klose para la colección «Estudios Sociales» de la Fundación la Caixa en 2010. Entre sus datos destacamos:

- Solo el 7 % de los padres se implican en igual o mayor manera en el cuidado de sus hijos que sus compañeras.
- El 25 % de las mujeres han de abandonar el trabajo hasta la escolarización de los hijos, frente al 0 % de los varones.
- El 23 % de las mujeres con hijos de edad inferior a los cinco años han tenido que abandonar el trabajo en los cuatro años anteriores al estudio.
- El 13 % de las mujeres con hijos menores de cinco años han perdido el trabajo que tenían antes de ser madres.

La falsa conciliación laboral y familiar consiste en hacer creer a la mujer que el reparto de las labores domésticas y familiares es equitativo, cuando no suele serlo, pues más bien responde a las costumbres machistas que los hijos heredan de sus progenitores.

Estas cifras, que sirven solo de referente, muestran que cuando se habla de igualdad en la conciliación laboral y familiar no se hace justicia a la mujer, por lo menos en España. La fémina trabajadora se halla hoy inmersa en una disyuntiva. La falta real de conciliación le hace replantearse seriamente si seguir trabajando (y sentirse culpable por no llegar a todos los requerimientos de sus hijos: educación, actividades extraescolares, alimentación, higiene, etc.) o abandonar su profesión y limitarse a realizar las labores domésticas y a cuidar de su familia.

El hombre, en general, sigue representando un papel muy pasivo si lo comparamos con el de la mujer. En el mejor de los casos, cocina pero no compra, utiliza la lavadora pero no se encarga del jabón, plancha sus camisas pero no la ropa de la casa, va a buscar a los niños al colegio pero falta con asiduidad a sus citas, educa a sus hijos pero desconoce sus asignaturas, y un larguísimo etcétera que la vida cotidiana pone en evidencia en demasiadas parejas.

No obstante, parece que las consecuencias de la crisis económica desatada en la década de 2000 han cambiado en cierto modo esta tendencia en el caso de los varones desempleados cuya pareja sigue trabajando, pues estos disponen de más tiempo para ocuparse de las tareas domésticas y de los hijos y toman conciencia de que su colaboración en estos aspectos es esencial no solo para la mujer, sino para la pareja y para toda la familia, en caso de haberla. Que estos patrones de conducta queden efectivamente modificados y no se limiten a una situación provisional es un hecho que deberá comprobarse con el tiempo.

Causas de la falsa conciliación laboral y familiar

Están relacionadas con la cultura, el sistema socioeconómico y las tradiciones. Nuevamente, se trata de hacer creer a la mujer que el reparto de las labores domésticas y familiares es equitativo, cuando no suele serlo, pues más bien responde a las costumbres machistas que los hijos heredan de sus progenitores.

La autoestima de la mujer sale dañada ya que, por más que se esfuerce, se siente incapaz de llegar a todo. Desempeñar su trabajo fuera del hogar sin desatender a la familia y las labores domésticas puede representar una sobrecarga sin la corresponsabilidad *efectiva* de la pareja.

Agresiones y maltrato a la pareja

Este es un problema que se encuentra generalizado en todo el mundo, como certifican estos ejemplos:

– Un estudio realizado en Estados Unidos manifiesta que entre el 15 y el 30 % de las mujeres sufren algún tipo de agresión en su relación de pareja.

– Otro informe de la OMS revela que entre el 10 y el 60 %
de las mujeres evaluadas en más de cincuenta países re-
ferían haber sufrido una agresión física por parte de sus
parejas en algún momento de su vida.

Los expertos calculan que este tipo de violencia de género
afecta a una de cada cinco mujeres europeas (20 %) y que solo
se denuncian el 10 % de los casos, cifra que se reduce todavía
más en el colectivo inmigrante.

– Otro estudio, llevado a cabo en Colombia, por tres agen-
cias de la ONU, entre octubre de 2009 y abril de 2010,
para el cual se encuestó a 1.080 personas, muestra que

Causas de las agresiones y el maltrato a la pareja

Este tipo de violencia de género no es muy sutil, pero
sí contundente. Se resume en que, si la mujer no está
de acuerdo con todo lo que su pareja cree que debe
hacer, empieza un episodio violento. Es una forma
primaria y muy frecuente de continuar la discusión
cuando los recursos de convicción fracasan, un me-
canismo para mantener la autoridad de los hombres.

El maltrato a la pareja es una forma primaria y muy frecuente
de continuar la discusión cuando los recursos de convicción fracasan.

el 50 % de los colombianos admite haber maltratado a su pareja y el 26 %, que, al menos una vez, ha hecho algo para intimidarla. El 14 % reconoce haberle propinado una bofetada, y el 9 %, un puñetazo.

El mismo estudio señala que los maltratos y la violencia contra la mujer se producen en parejas de todos los estratos sociales, aunque en los niveles más altos suele denunciarse menos por temor a la sanción social. Solo el 40 % de las mujeres agredidas se atreven a formalizar una denuncia.

En España, según datos ofrecidos en 2010 por el Programa de Seguridad contra la Violencia Machista, una de cada cuatro catalanas de entre dieciocho y setenta años ha sufrido algún tipo de maltrato grave, principalmente agresiones físicas o psicológicas, tocamientos indeseados, amenazas, intentos de violación, tocamientos con violencia y violaciones.

Por otra parte, desde el desaparecido Ministerio de Igualdad, en 2010 se cifraba en 840.000 el número de menores que conviven con la violencia de género en España y que precisan o precisarán, junto con sus madres, una protección y educación especiales.

Separaciones y divorcios

La separación de una pareja suele ser un proceso costoso y a la vez doloroso para ambas partes, y no es en sí misma una manifestación de violencia de género. Sin embargo, aunque puede representar la liberación de una realidad que se ha ido degradando día a día, con demasiada frecuencia conlleva consecuencias psicológicas, sociales y económicas negativas para la mujer.

Según el INE, el número de separaciones, divorcios y nulidades en España ha pasado de 99.474 en el año 2000 a 110.321 en 2010 (13,5 divorcios cada hora y 326 cada día), lo que representa un incremento del 10,9 % durante este tiempo. En este país, la media de edad en las separaciones es de 41,7 años en los varones y 44,2 años en las mujeres.

Causas de las separaciones y los divorcios

Aunque no es posible describir en pocas líneas la multitud de motivos que pueden conducir a la disolución de una pareja, sí puede afirmarse que esta es el resultado de la constatación del fracaso de una relación, y suele suponer el punto final y la consecuencia de muchas de las formas de violencia antes mencionadas.

Las separaciones son una de las situaciones críticas en las que pueden darse con mayor facilidad manifestaciones machistas y violentas. Por este motivo, les dedicaremos especial atención en este libro (véase el capítulo 4).

Un tercio de las parejas constituidas tienen por lo menos un hijo, el cual, en caso de separación, puede sufrir algunas de sus posibles consecuencias, como penurias económicas y desequilibrios emocionales.

Las separaciones y los divorcios constituyen una de las bases de las que se nutren las cifras del feminicidio de pareja, situaciones en las que el varón, lejos de esperar la resolución de la justicia, se la toma por su mano. Según datos elaborados por el Instituto de la Mujer, en España, entre 2003 y 2011, de un total de 605 mujeres fallecidas por violencia de género, el 37,8 % de las muertes fueron causadas por la expareja o la pareja en fase de ruptura.

Violencia en el ámbito familiar

La Ley 5/2008 define la violencia en el ámbito familiar como aquella «violencia física, sexual, psicológica o económica ejercida contra las mujeres y las menores de edad en el seno de la familia y perpetrada por miembros de la propia familia, en el marco de las relaciones afectivas y los vínculos del entorno familiar». Se trata, pues, de cualquier acción, omisión o conducta mediante la cual se infiere un daño físico, sexual o psicológico a un integrante del grupo familiar mediante el engaño, la coacción, la fuerza física o la amenaza, entre otros.

Como en la mayoría de los casos de violencia, la familiar se produce en un entorno en el que existe una relación de poder y jerarquía. En nuestra sociedad, cuya cultura patriarcal está muy arraigada, el aprendizaje de las identidades femenina y masculina ofrece a los hombres un papel de poder y autoridad, a la vez que impone una actitud sumisa y pasiva a las mujeres. Cuando alguno de estos papeles se desvía de lo que está estipulado, pueden producirse situaciones de violencia en el seno de las familias.

El problema radica en que la educación y los valores recibidos en el entorno familiar condicionan la perpetuación de dicho sistema, caracterizado en muchos aspectos por la injusticia y la desigualdad.

Causas de la violencia en el ámbito familiar

El sistema patriarcal reúne una serie de factores personales, situacionales y socioculturales que se combinan para generar la violencia en el entorno familiar. Las relaciones jerárquicas que propician una estructura familiar autoritaria, el aprendizaje de papeles estereotipados por sexos, el ejemplo de resolución violenta de los conflictos en el seno de las familias y la ausencia de modelos sociales que muestren la violencia como un recurso pernicioso pueden provocar situaciones de desigualdad y abuso de poder en el ámbito familiar.

Violencia de Estado

Se considera que el Estado, como institución, ejerce violencia contra las mujeres cuando no las protege ante los abusos personales, laborales, sociales o institucionales, negándoles una vida libre de violencia física, sexual y psicológica, o cuando las priva de sus derechos y necesidades básicas (salud, sanidad, educación, vivienda, sufragio…).

Es obligación del Estado prevenir este tipo de violencia mediante la adopción de medidas legislativas (nacionales e internacionales) y la aportación de recursos educativos, sanitarios, sociales, etc., independientemente del lugar donde se produzca el hecho violento (el hogar, el entorno laboral o educativo, institu-

Causas de la violencia cometida o tolerada por el Estado

En muchos estados subsisten leyes y políticas discriminatorias para las mujeres, legislaciones inadecuadas que no tipifican algunos delitos o aplicadas de un modo poco o nada eficaz.

Igualmente, existen políticas de prevención poco eficaces que no inciden lo suficiente en la sensibilización, la educación y la concienciación de la sociedad.

ciones penitenciarias, conflictos armados, etc.), así como investigar la violencia hasta sus últimas consecuencias y sancionar al agresor o agresores. También lo es socorrer a las víctimas y ofrecerles una reparación y compensación por los daños infligidos. No obstante, en muchas sociedades los actos de violencia contra las mujeres quedan poco menos que impunes, con las devastadoras consecuencias que esto supone para sus hijos y para el conjunto de la sociedad. Veamos solo a modo de ejemplo algunos casos.

En México, donde se registra uno de los índices de violencia contra la mujer más elevados del planeta, el 77 % de los crímenes no reciben castigo por falta de una investigación adecuada. La situación de vulnerabilidad en que se encuentran las mujeres no se circunscribe al ámbito doméstico o laboral, sino que tam-

La inacción o apatía de algunos Estados puede llegar incluso a la complicidad, cuando no demuestran un verdadero compromiso político para hacer frente al problema de la violencia de género.

Acogerse a preceptos religiosos o a la cultura para justificar algunas prácticas, y para eludir la responsabilidad que toda institución de esta magnitud tiene con respecto a la seguridad de las mujeres, hace al Estado cómplice de los agresores.

bién salpica a los funcionarios del Estado encargados de hacer cumplir la ley (por ejemplo, durante los operativos policiales o por parte de integrantes de las fuerzas armadas), quienes incurren en la violencia sexual para intimidarlas y coaccionarlas. Tanto es así que, en 2009, la Corte Interamericana de Derechos Humanos sentó al Estado de México en el banquillo de los acusados por considerarlo responsable de numerosos delitos cometidos reiteradamente contra las mujeres.

En Colombia, se acusa al Gobierno de llevar a cabo un tipo de políticas públicas, de contenidos educativos y campañas mediáticas que parecen ensañarse contra las mujeres que tienen una vida independiente, y que no se dejan manipular por los intereses particulares que promueven los medios de comunicación. Se le acusa de no actuar y de permitir que estén aflorando una sociedad y una justicia machistas.

En España, sin ir más lejos, los recortes presupuestarios en materia de igualdad dejan a muchas mujeres desvalidas ante sus agresores. Las campañas para prevenir la violencia machista cuentan en 2012 con el 70 % menos de fondos económicos que en ejercicios precedentes, y siempre hay quien lo justifica alegando que no son tan necesarios porque muchas mujeres ya no denuncian, en vez de aceptar que muchas de ellas están perdiendo la confianza en la eficacia de tales trámites. Tampoco se considera el agravio que supone el cierre de centros de acogida de mujeres maltratadas en determinadas comunidades autónomas.

En la misma línea, las reformas laborales y la reducción en gasto social, por ejemplo en dependencia, hacen recaer en las mujeres algunas tareas de las que hasta ahora se ocupaba la Administración pública. Muchas de ellas se ven obligadas a volver al hogar para hacer de cuidadoras, de amas de casa, con todo lo que representa para una mujer trabajadora volver a «encajar» el modelo patriarcal.

Todo hace pensar que los logros duramente conseguidos por las mujeres durante décadas en materia de igualdad se hallan en peligro, y que la crisis económica provocada por la especulación financiera está poniendo de manifiesto, una vez más, el desequilibrio de fuerzas que existe entre hombres y mujeres.

Ese desequilibrio se manifiesta, entre otros muchos aspectos, en la escasa presencia de las mujeres en la gestión política y en el lenguaje sexista que impregna la legislación que emana de las instituciones públicas.

Violencia simbólica

La violencia de género no siempre implica agresión física, pero va mucho más allá de una estadística o de lo que pueda mostrar la imagen de una mujer con la cara desfigurada. Existe otro tipo de violencia de la que no se habla en los medios de comunicación, una discriminación invisible y sutil que oculta una antigua relación de fuerzas y de poder entre los hombres y las mujeres.[2]

---

[2] Para definir la violencia simbólica hemos considerado el concepto formulado por el sociólogo Pierre Bourdieu y las contribuciones de Michel de Foucault y Judith Butler.

Causas de la violencia simbólica

A lo largo de la historia, en Occidente, el sistema capitalista y el patriarcado han instaurado relaciones asimétricas entre hombres y mujeres, relaciones de dominación-subordinación, que relegan a las mujeres demasiadas veces a una dependencia económica y afectiva de los hombres.

En España, la cultura del machismo no ha hecho sino agravar la situación, ya que esta dependencia de la mujer respecto del hombre es una de las características que definen la masculinidad, la identidad del hombre como «proveedor» y encargado de mantener el poder y el control en la relación de pareja.

La cultura dominante ha favorecido la naturalización y estigmatización de las diferencias entre sexos. Letras de canciones y refranes, pero también grandes novelistas y pensadores, han contribuido con sus mensajes a reproducir el dominio masculino, acentuando la desigualdad entre hombres y mujeres y a veces justificando la subordinación e incluso la violencia contra estas.

No obstante, este lastre cultural debe servirnos para reflexionar acerca de la violencia simbólica e intentar modificar, sin por ello renunciar a nuestras creencias, aquellos comportamientos que puedan fomentarla.

Adoptar una identidad según el propio sexo, unos atributos, una determinada visión del mundo; aceptar unas normas, unos valores, unos comportamientos sociales y unas prohibiciones acerca de lo que implica ser una mujer y de lo que implica ser un hombre no es una elección tomada libremente. Muchas veces, las ideologías de los sujetos dominantes se imponen de manera silenciosa y continuada en el tiempo en los sujetos dominados, se impregnan en su cuerpo, su mente y sus emociones, se interiorizan hasta parecer naturales e incuestionables, ajenos a la presión social y cultural, incluso emocional, que se ejerce sobre ellos.

Mediante este proceso sutil e insidioso, a las mujeres se les ha asignado tradicionalmente (aunque no siempre ha sido así) un papel de sexo supeditado al de los hombres, que condiciona su comportamiento, su actitud, su carácter, su estética…, hasta tal punto que determina incluso los límites dentro de los cuales le está socialmente permitido pensar y percibir la realidad.

Por supuesto, transgredir los límites, apartarse de los modelos establecidos y no dejarse manipular tiene un elevado precio para la mujer: en el mejor de los casos, el rechazo social, la desvalorización, la crítica o el desprestigio; en el peor, un episodio de violencia para mantener la jerarquía masculina, y ya sabemos que esto es tan solo la punta del iceberg.

Conclusiones. La cultura del machismo

Con todos los datos y cifras expuestos sobre los distintos modos en que se manifiesta la violencia de género, podemos asegurar que el mundo y nuestra sociedad tienen, o más bien tenemos, un grave problema y que cualquier planteamiento para superarlo, en todo o en parte, debería ser bienvenido. Así lo afirma también una de las más altas funcionarias de Estados Unidos, Melanne Verveer, que trabaja para los derechos de la mujer en el mundo: «El alcance de la violencia contra mujeres y niñas hace que sea uno de los mayores desafíos del mundo».

Un repaso rápido a cada una de las posibles causas de la violencia de género nos proporciona una larga lista de motivaciones, muchas de las cuales se repiten en las distintas formas de agresión: religiosas, políticas, culturales, sociales, económicas, enfermedades psíquicas o emocionales, adicciones... La violencia machista es estructural y multicausal y consiste en la imposición de un modelo de masculinidad basado en conductas de dominio, control y abuso de poder de los hombres sobre las mujeres. Nuestras sociedades mantienen un sistema de relaciones entre sexos que perpetúa la superioridad de los hombres sobre las mujeres. Se trata de la cultura del machismo.

Existen innumerables ejemplos que forman parte de la cultura machista. A lo largo de la historia, hasta donde seamos capaces de recordar, pensadores y filósofos notables se han apuntado a esta tendencia. Conozcamos a algunos de ellos y las desafortunadas aportaciones que nos dejaron para su recuerdo.

Empezaremos por la Biblia, uno de los más antiguos y respetados libros sagrados de todos los tiempos. En el libro del Génesis 3:16, Dios habla así de la mujer y de su sometimiento al varón:

Aumentaré en gran manera el dolor de tu preñez; con los dolores del parto darás a luz a tus hijos, tu deseo vehemente será por tu esposo y él te dominará.

Si ahondamos en las raíces laicas de nuestra civilización occidental, Aristóteles (384-322 a. C.) definía así a las mujeres:

Debemos considerar la condición femenina como si fuera una deformidad, si bien se trata de una deformidad natural.

Flavio Josefo, historiador judío, en el siglo I a. C., decía sobre la mujer judía en tiempos de Jesús que era «inferior al hombre en todos los sentidos».

Santo Tomás de Aquino, uno de los pensadores más importantes del siglo XIII, llegó a afirmar que era dudoso que la mujer tuviera alma. Y, más adelante, Erasmo de Róterdam, en el siglo XV, tampoco la defendió en demasía:

Una mujer es siempre mujer, es decir, loca, por muchos esfuerzos que realice para ocultarlo.

Tampoco la Revolución francesa, en el siglo XVIII, liberó a la mujer de la dependencia del hombre. El filósofo J. J. Rousseau sentenciaba:

Las mujeres, no pudiendo ser jueces por sí mismas, deben admitir la decisión de sus padres y sus esposos, igual que la de la Iglesia.

Para Schopenhauer, pensador alemán del siglo xix, las labores de la mujer también estaban muy claras:

> Lo que hace a las mujeres especialmente aptas para cuidarnos y educarnos en la primera infancia es que ellas siguen siendo para siempre pueriles, fútiles y limitadas de inteligencia. Durante toda su vida son como niños grandes, una especie de intermedios entre niños y hombres. Pero qué puede esperarse de las mujeres, si se reflexiona que, en el mundo entero, este sexo no ha podido producir un solo genio verdaderamente grande, ni una obra compleja y original en las bellas artes, ni un solo trabajo de valor duradero, sea en lo que fuere.

Tampoco Sigmund Freud, en pleno siglo xx, creía en la emancipación de la mujer:

> La idea de arrojar a la mujer a la lucha por la existencia, tal como la afronta el hombre, es realmente una idea que nació muerta. Creo que toda acción reformadora tanto en el terreno de la ley como en el de la educación fracasará ante el hecho de que, mucho antes de la edad en que el hombre está en condiciones de labrarse una posición en la sociedad, la naturaleza ha cifrado el destino de la mujer en la belleza, el encanto y la dulzura.

Como ejemplos de la cultura machista del pasado son más que suficientes, sobre todo porque están avalados por pensadores, filósofos y religiosos que han tenido un peso específico en la historia. Pero una mirada más amplia al mundo de hoy tampoco resulta satisfactoria. Por ejemplo, la mujer sigue discriminada por un gran número de Iglesias: no pueden ser sacerdotisas católicas, rabinas ni imanas, y en muy pocos países existe paridad política en cuanto a sexos.

A ello podemos sumar algunos de los efectos de la globalización que dificultan la resolución de los problemas de violencia de género; entre ellos, la confrontación *in situ* de distintas culturas que conviven en un mismo espacio y tiempo y que no quieren ser «asimiladas» por las otras. Esta convivencia puede ralentizar y dificultar, todavía más, el cambio de los papeles que el varón y la mujer han de asumir.

Por todo ello, puede parecer aventurado querer encontrar soluciones fáciles a la violencia de género, un problema que, como hemos visto, es tan antiguo como el mundo y tiene múltiples facetas e intereses económicos escondidos. Debemos comprender que la aplicación de las leyes, antiguas y modernas, resulta necesaria, pero no suficiente. Es preciso reflexionar profunda y continuadamente sobre cada una de las causas y facetas en que se manifiesta la violencia de género, especialmente en el ámbito de la pareja, y emprender acciones formativas y preventivas que eviten en lo posible actos perniciosos para la mujer y para la sociedad en su conjunto, que antes o después hay que pagar.

Capítulo 3

La pareja, «laboratorio» de la violencia de género

En los capítulos precedentes hemos visto cómo la ley es un elemento fundamental pero insuficiente en la prevención y la erradicación de los actos violentos contra las mujeres, se han descrito los distintos tipos de violencia de género que se dan en nuestras sociedades y se han analizado sus principales causas.

La historia demuestra, por otro lado, que la pareja constituye un magnífico laboratorio de la violencia de género, pues en ella pueden tener lugar la mayoría de las tipologías violentas contra el sexo femenino.

Por este motivo, proponemos centrar nuestras reflexiones en la pareja. Entendida esta como una forma de relación que confronta directamente solo a dos personas, con un mínimo de factores interpuestos, durante un tiempo indeterminado, esta perspectiva permite analizar las principales razones que las unen y las separan.

Aun a sabiendas de que no existen dos parejas iguales, como tampoco hay dos personas idénticas, podemos reflexionar sobre las causas que hacen que desde la aparición del ser humano en nuestro planeta las parejas no hayan dejado de buscarse y encontrarse, de lo que da fe el hecho de que estemos presentes, aquí y ahora.

Factores que condicionan la formación y la separación de la pareja

Desde un punto de vista didáctico, intentaremos sintetizar los muchos factores que condicionan la formación y la separación de la pareja, y haremos hincapié en aquellos aspectos que pueden desencadenar algún tipo de violencia física, incluido el asesinato de la mujer.

Fases de formación de la pareja

A efectos prácticos, podemos dividir la formación de la pareja en tres fases:

- Búsqueda.
- Enamoramiento.
- Consolidación.

Veamos con más detenimiento cada una de ellas.

> *Zeus, el dios del Olimpo de la mitología griega,*
> *decidió debilitar a los humanos dividiendo sus dos*
> *cabezas, sus cuatro brazos, sus cuatro piernas*
> *y sus dos sexos en macho y hembra.*
>
> PLATÓN
> *El banquete*

1. Fase de búsqueda

La parábola mitológica que Platón atribuye a Zeus se acerca bastante a la realidad, pues los humanos, como si nos sintiéramos seres incompletos, buscamos constantemente nuestro complemento, o «media naranja», que equilibre nuestras propias imperfecciones.

Solemos, pues, ir en busca del otro desde nuestras necesidades y carencias, y no desde la capacidad de comprender, ayudar y compartir. Probablemente, este sea el motivo por el que tenemos tantos problemas cuando nos emparejamos.

El símbolo del yin y el yang es muy gráfico en este sentido de búsqueda del complemento, pues une dos mitades «imperfectas» y las convierte en una forma perfecta, el círculo. Dicho de otro modo, podríamos interpretarlo como el caso de una persona «coja» que busca su «muleta» en otra, para que la ayude a caminar en su recorrido vital.

El símbolo del yin y el yang refleja de manera muy gráfica
la teoría del «cojo» y la «muleta», esto es, la búsqueda
de la «media naranja».

En general, no somos muy conscientes de nuestras imperfecciones, y solemos albergar unas expectativas elevadas en cuanto a las cualidades que debe tener la pareja, sin pensar tanto en lo que debemos aportar nosotros. Por este motivo, la fase de búsqueda puede durar toda la vida, sin que lleguemos a encontrar nuestro complemento. Pero lo cierto es que resulta más fácil hallar esa otra mitad si partimos de la aceptación de nuestras propias imperfecciones.

Somos animales sociales. En esta primera fase de búsqueda, aunque no seamos muy conscientes de ello, aspiramos a mejorarnos, a nosotros y a nuestra descendencia, a partir de las virtudes que aporte nuestra pareja. También buscamos compañía por una serie de motivos más simples, aunque poderosos, que han funcionado hasta nuestros días, y entre los que se encuentran, agrupados sin orden de importancia ni exclusividad, los siguientes:

- *Diversión.* Buscamos diversión sin más, y suele ser más fácil encontrarla en compañía.

- *Comodidad.* La que nos proporciona el compartir una serie de actividades que suelen hacerse más fáciles y llevaderas si se reparten (compartir tareas, viajar, charlar, trabajar, estudiar, convivir…).

- *Atracción sexual.* Entre las personas, existen diferencias genéticas de ritmos hormonales, bioquímicos, biológicos, físicos y psicológicos que nos llevan de un modo consciente o inconsciente a la atracción y la consumación sexual y, con ello, a la perpetuación de la especie.

- *Complemento.* Deberíamos sentirnos conformes con nosotros mismos, y no tratar de encontrar nuestra perfección fuera de nosotros, es decir, en la pareja. Aun así, solemos buscar los complementos de aquello que no tenemos (dulzura frente a agresividad, suavidad frente a rudeza, estilo frente a vulgaridad, reflexión frente a impulsividad, etc.).

- *Complicidad.* Buscamos un cómplice, alguien que nos ayude en todo lo que hagamos, que se sienta partícipe de nuestros éxitos y de nuestros fracasos.

> *Todos buscamos a alguien que nos complemente*
> *o se parezca a nosotros.*
>
> SOLE GIMÉNEZ
> Vocalista del grupo Presuntos Implicados

- *Compañía.* Para alejar la soledad y los miedos, nos gusta compartir nuestras emociones, sentimientos, pensamientos, deseos…, pero también nuestras preocupaciones y miedos, pues al compartirlos disminuyen.

- *Otros motivos de búsqueda.* Dependen de la personalidad y la cultura de quien que busca compartir su vida con una pareja, pero pueden situarse en la línea de: colaboración, respeto, inteligencia, economía, belleza, alegría, equilibrio y un interminable etcétera.

La afirmación de Giménez describe claramente que, en ocasiones, más que nuestro complemento, buscamos a alguien que actúe siguiendo paradigmas culturales semejantes al nuestro.

Esta primera fase se puede perpetuar por tratarse de una búsqueda infructuosa, o superarse y pasar a la siguiente etapa: el enamoramiento.

2. Fase de enamoramiento

El enamoramiento puede o no aparecer, después de buscar pareja, y complementa e incrementa los factores comentados.

Esta definición describe perfectamente el estado en que se encuentra el enamorado: experimenta una sensación maravillosa de felicidad y bienestar, aunque se base en motivos que nadie, ni el propio enamorado, entiende. Así lo afirmaba el filósofo y matemático francés Blaise Pascal: «El corazón tiene razones que la razón no entiende».

Las causas del enamoramiento pueden ser diversas y no siempre bien comprendidas. En algunos casos, no precisa ni de un tiempo prudente, al menos algunos meses, sino que es inmediato. Entonces hablamos de «flechazo».

Para sucumbir al flechazo no existe, que sepamos, un motivo determinado. Más bien parece una concatenación de hechos que provocan que dos personas queden prendadas la una de la otra. La causa puede ser el color de sus ojos, su forma de mirar, sus labios, sus dientes, sus proporciones, su tono de voz, su trasero, su torso, sus músculos, sus pechos, su alegría, su inteligencia, su humor…

> *El enamoramiento es un estado*
> *«maravillosamente falso» en el que la razón*
> *está secuestrada por las emociones.*

La persona enamorada ve a la que es objeto de su amor como la más atractiva, responsable, solidaria, comprensiva, deseable, divertida, etc.; calificativos que no suelen coincidir con los de las personas que la rodean (padres, hermanos, amigos, familiares, conocidos, etc.). Los demás entienden esta discrepancia y la atribuyen a un motivo que lo justifica todo: la persona en cuestión está enamorada.

No comprendemos muy bien cómo sucede, pero sabemos que todo ello activa nuestro cerebro. La fase de enamoramiento ha sido etiquetada por algunos como un *trastorno obsesivo compulsivo* (TOC), pues la persona enamorada se obsesiona con ese alguien especial y no cesa hasta conseguir estar a su lado (obsesión y compulsión). Lo más importante del mundo es ella o él, su amor, y todo lo demás queda relegado a un segundo plano.

También se ha descrito el enamoramiento como una pasión química, pues se trata de un periodo irracional que puede prolongarse de unos meses a toda la vida (esto último, con menos frecuencia) durante el cual la persona enamorada permanece como «hechizada» por su pareja.

En crear y mantener este hechizo colaboran en gran medida distintas hormonas y mediadores químicos que se generan al poner en marcha determinadas áreas del cerebro, pertenecientes principalmente al sistema límbico. Se trata en concreto de la zona del hipocampo, formada por núcleos como el accumbens y las vías dopaminérgicas, relacionada con los mecanismos de recompensa y placer. Estos producen una verdadera «borrachera de

El flechazo parece responder a una concatenación de hechos que provocan que dos personas queden prendadas la una de la otra.

neurotransmisores», algunos de los cuales se enumeran a continuación:

- *Dopamina:* es la hormona del enamoramiento y del «amor ciego». Su aparición causa placer ante el contacto o la visión de la persona amada, o simplemente al pensar en ella, y nos crea una especie de «adicción».

- *Oxitocina:* es la molécula de la confianza. Se secreta en la leche materna para transmitirla al lactante, pero esta no es su única fuente: durante el enamoramiento, sus niveles en la sangre aumentan al ser liberada desde la neurohipófisis o la parte posterior de esta glándula.

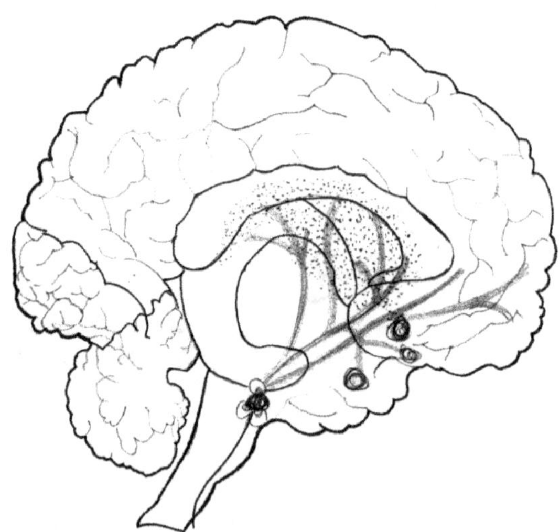

Núcleos y vías dopaminérgicas relacionados con los mecanismos de recompensa y placer que participan en el enamoramiento.

- *Vasopresina:* se la conoce como la hormona de la fidelidad, ya que se libera durante la cópula. Provoca una gratificación que los varones asocian a la hembra con la que copulan, y viceversa.

- *Feromonas:* son sustancias químicas detectadas por el olfato que activan o incrementan la atracción sexual. Se han hallado en las plantas y en algunos animales, no así en los humanos; no obstante, se acepta que también las despedimos, aunque no puedan ser detectadas.

- *Feniletilamina:* se trata de un compuesto similar a las anfetaminas que produce optimismo transitorio y sensación de resistencia ante el cansancio. También es responsable de un estado de placidez e intranquilidad que dificulta el sueño, al no dejar de pensar en el ser amado.

- *Endorfinas:* son neurotransmisores capaces de reducir la sensación de dolor y de incrementar la de placer. Su nombre proviene de su acción, similar a la de la morfina, pero secretada por el propio organismo (morfina endógena).

- *Serotonina:* es conocida como la hormona del placer o del buen humor, puesto que en niveles altos asegura dicho ánimo; por contra, unos niveles bajos de esta hormona ponen de manifiesto un estado depresivo.

- *Testosterona y estrógenos:* en general se producen en los testículos y en los ovarios, respectivamente. Condicionan, entre otras funciones, el incremento del deseo sexual y los caracteres sexuales secundarios (tono de voz, disposición del vello y de la grasa corporal, de la masa y fuerza muscular, etc.).

La acción, disociada a veces y conjunta otras, de todos o alguno de estos neurotransmisores es lo que nos hace percibir lo que nos rodea a través de un filtro selectivo que solo quien se enamora es capaz de sentir. Decimos entonces que estamos enamorados. Por eso mismo podemos afirmar que el enamoramiento es una respuesta química de nuestro cuerpo que escapa a la razón. Repitámoslo: no es algo racional. Su acción no corresponde, principalmente,

> *Todo amor es fantasía;*
> *él inventa el año, el día,*
> *la hora y su melodía;*
> *inventa el amante y, más,*
> *la amada. No prueba nada,*
> *contra el amor, que la amada*
> *no haya existido jamás.*
>
> ANTONIO MACHADO
> *Otras canciones a Guiomar*

a la de nuestra corteza cerebral, sino a nuestro mundo inconsciente implantado en el sistema límbico.

Veamos algunas sentencias que ponen de manifiesto la irracionalidad del enamoramiento:

- Nos enamoramos de un ideal, no de la persona supuestamente amada.

- Te enamoras de lo que inventas.

- El enamoramiento es una decisión inconsciente de nuestro cerebro emocional, que tiene más fuerza que las sesudas deliberaciones de si nos conviene enamorarnos o no en determinado momento.

A causa de esta irracionalidad transitoria, quienes ya han pasado por ello desaconsejan tomar decisiones importantes en tales momentos. Aunque lo cierto es que solemos hacerlo con demasiada frecuencia...

La humorista estadounidense Fran Lebowitz afirma con jocosa razón que «las personas que se casan porque están enamoradas cometen un error terrible...».

El humor acierta muchas veces, pues a menudo se llega al matrimonio sin saber realmente que la relación de pareja tiene pros y contras, y que no es una relación idílica. También los escritores y poetas definen de forma certera lo irracional del estado al que nos someten los neurotransmisores y las hormonas.

> *Como las olas que van y vienen. Así es el amor,*
> *que se transforma continuamente.*
>
> NICOLAS CAGE
> Actor estadounidense

3. *Fase de amor*

Pasada la etapa de enamoramiento, el amor puede desaparecer sin más, o mantenerse, o consolidarse en el seno de la pareja.

La fase de amor abarca un periodo más racional. La persona ha dejado de idealizar a su pareja, de exagerar sus virtudes, y la ve tal como es en realidad.

Podemos seguir amando muchísimo a nuestra pareja, pero ahora vemos también sus defectos y aceptamos que no tiene por qué ser la mejor persona del mundo ni la más inteligente o comprensiva. Nos basta con que sea la persona a la que amamos.

El amor tiene determinados objetivos, distintos también en importancia en cada pareja, pero todas ellas, en general, buscan construir su «nido de futuro». Lo hacen estableciendo unas normas que intentan poner límites al mundo de la pareja, unas pautas basadas en interpretaciones personales.

Si consideramos los cambios químicos que se producen en el organismo, esta fase está dominada principalmente por los efectos de la vasopresina y la oxitocina, los neurotransmisores de la confianza y la gratificación. Sus efectos ayudan a consolidar o a «invertir» a largo plazo en la relación.

Factores que condicionan la consolidación o la separación de la pareja

Cuando se ha encontrado a la persona ideal, el siguiente paso suele consistir en plantearse una vida en común, en afrontar un futuro cuya duración y circunstancia no siempre es bien conocida ni programada, puesto que *a lo largo de los años las personas se enamoran de distintas maneras.*

En función de cada pareja, existen diferentes factores que condicionan su consolidación; por el contrario, su incumplimiento conlleva su separación. Veamos algunos de estos factores.

- **Amor**

  Es el factor esencial común a todas las parejas, y cada cual puede definirlo y sentirlo a su manera.

  El desamor es más fácil de definir, pues engloba todo aquello que sentimos cuando el amor termina. Cuesta menos describir que razonar cómo, en muchos casos, este sentimiento ha ido extinguiéndose poco a poco, cual llama de un candil a la que no llega suficiente aceite.

> *Lo que te enamora en los inicios*
> *suele ser también lo que te desenamora.*
>
> Darío Grandinetti
> Actor argentino

Muchas de las razones que fundamentan el amor pertenecen al mundo del inconsciente, y otras se engloban en el mantenimiento de alguno de los factores que comentamos a continuación.

• Respeto

Para que el amor se mantenga, es esencial el respeto mutuo. Respeto que se manifiesta de muchas maneras, especialmente en la comunicación. Escuchar significa algo más que oír: implica saber qué nos pide nuestra pareja y aprender a valorarlo desde su punto de vista; supone contestarle con el tono de voz adecuado, exento de gritos o insultos, y con la simpatía, la amabilidad y el cariño que nuestra pareja, por el mero hecho de serlo, se merece.

• Tolerancia

Consiste en aceptar a la pareja tal como es. No se trata de «aguantar» a la persona mientras nos da tiempo a cambiar sus imperfecciones y pulir sus defectos, ni mucho menos. La hemos elegido así, tal como es, y en todo

> *A la pareja no la mantienen unida ni el sexo
> ni el amor. A la pareja solo la mantienen unida
> el respeto y la tolerancia.*
>
> GAY TALESE
> Escritor y periodista estadounidense

caso es ella la que debe elegir libremente modificar sus tendencias.

Tolerar significa amar y aceptar a la pareja con las virtudes y los defectos que puedan aparecer en cada etapa de la vida (todos evolucionamos, aunque no siempre lo hagamos positivamente). Cuando se exageran los defectos, se hurga en ellos e intentan cambiarse, la pareja se resiente.

El doctor Albert Ellis, en su libro *El camino de la tolerancia,* la describe como una aceptación incondicional de la persona, sin querer cambiarla en absoluto. Otra cosa es que nuestra pareja, al igual que nosotros, vaya transformándose a lo largo de su vida.

• Libertad

No debemos olvidar que la pareja, a pesar de que la consideremos como algo muy cercano a nosotros, no es «nuestra», no nos pertenece. Es libre para tomar cualquier determinación, incluida la separación, aunque resulte injusta a

> *Prometo amarla, respetarla y protegerla,*
> *en la riqueza y en la pobreza,*
> *en la salud y en la enfermedad,*
> *hasta que la muerte nos separe...*

nuestros ojos; e incluso así, en situaciones extremas, debemos respetar sus decisiones.

- **Protección y cuidado de la pareja**
Sobradamente conocido es el viejo juramento de protección y respeto que reza así: «prometo amarla, respetarla y protegerla...», pronunciado al contraer matrimonio religioso, pues sigue teniendo vigencia real y legal. Además de tratarse de un aspecto importante en la unión de la pareja, implica una obligación.

- **Economía saneada**
La economía es uno de los factores fundamentales para que en el «nido» todo funcione. En una relación sentimental, hablar de economía es hablar de amor.

Los problemas económicos no ayudan precisamente a mantener unida a la pareja. Ya lo recoge el dicho popular: los duelos con pan son menos. Buscar el equilibrio entre lo que la pareja gana y lo que puede consumir ahora y en el futuro evita tensiones.

> *Cuando la pobreza entra por la puerta,*
> *el amor salta por la ventana.*

Crisis económicas como la desatada en la primera década del siglo XXI se deben a multitud de causas, algunas de ellas difíciles de entender incluso para quienes las han propiciado, pero en la raíz de todo se encuentra la necesidad de consumir todo lo que la sociedad capitalista es capaz de crear, aunque para ello deba empeñarse el individuo, la pareja y el conjunto de la sociedad a niveles nunca antes vistos.

El estallido de la burbuja inmobiliaria en España ha puesto en primer plano los estragos que una economía deficiente, las hipotecas y el paro hacen sobre las parejas y sobre el funcionamiento de la sociedad.

También es cierto que para muchas parejas la crisis imposibilita una separación, y que, de no existir tal contexto, esta sería un hecho (solo es cuestión de tiempo).

- **Fidelidad**

Es un concepto siempre trascendente en la salud de la pareja, un valor que va más allá de la sexualidad.

A ambos miembros les gusta saber que comparten sus vidas con alguien que los respeta, que se mantiene fiel a todos los compromisos que han contraído previamente y de

> *La monogamia, como el arte, es posible,*
> *pero no es natural. Lo natural es una retahíla*
> *de corazones rotos.*
>
> JUDITH LIPTON
> Psiquiatra estadounidense

común acuerdo, y que los defenderá en todos sus trances, con razón o sin ella.

Pero la fidelidad sexual no es fácil de mantener, sobre todo para el hombre, cuando sus andrógenos funcionan a pleno rendimiento. Los antropólogos destacan los siguientes datos:

- De las cerca de cuatro mil especies de mamíferos conocidas, pocas son socialmente monógamas.
- El 85 % de las culturas anteriores a la aparición de las concepciones religiosas judeocristianas eran polígamas.

Dos datos contundentes que reflejan lo difícil que es mantener la fidelidad sexual en la pareja a lo largo del tiempo.

Una rápida ojeada al concepto de infidelidad en la historia de nuestra cultura muestra que tal comportamiento ha experimentado notables cambios.

En el Imperio romano, por ejemplo, los prostíbulos se consideraban lugares de diversión para sus gentes y sus líderes. Muestra de ello son algunos próceres y emperadores en distintas épocas:

- Julio César (100-44 a. C.) solía acostarse con las mujeres de sus amigos, al tiempo que fue amante de reyes, por lo que se le conocía como «marido de todas las mujeres y mujer de todos los maridos».
- Claudio (10 a. C.-54 d. C.) concedió cargos políticos a sus esposas y a sus libertos y amantes a cambio de favores sexuales.
- Calígula, el emperador de los excesos (12-41 d. C.), organizaba grandes bacanales en sus palacios durante las cuales mantenía relaciones sexuales con varios hombres o mujeres a la vez.

Estas referencias son suficientes para corroborar el liberalismo, la infidelidad y la desinhibición sexual de los romanos. Sus mujeres legítimas toleraban sin problemas este tipo de conducta, que consideraban absolutamente normal.

En nuestros días, estos ejemplos se podrían trasladar a los casos de Dominique Strauss-Kahn, ex director gerente del Fondo Monetario Internacional, acusado en un escándalo sexual, y a una lista interminable de hombres y mujeres entre los que se encuentran los expresidentes estadounidenses John F. Kennedy y Bill Clinton, o el ex primer ministro italiano Silvio Berlusconi.

Lo cierto es que, en la actualidad, la infidelidad se entiende de muy diversas maneras.

El islam permite la poligamia. La relación sexual con más de una mujer no se considera una infidelidad, a menos que se trate de una mujer con la que el hombre no esté desposado.

En las sociedades occidentales, muchas de ellas católicas, la infidelidad es algo así como una «costumbre secreta». Veamos algunas muestras en nuestro entorno más inmediato:

- En Francia, según una encuesta realizada en 2008 por INS Sofre, el 29 % de los franceses y francesas (algo más los hombres que las mujeres) han sido infieles a sus cónyuges. El 75 % de ellos no se arrepienten en absoluto, y, por lo general, no buscan una aventura, sino una «relación estable».
- En España, las cifras no son muy distintas. Seis de cada diez españoles de más de cuarenta y seis años no descartan la infidelidad, aunque tengan pareja.

Al calor de esta innegable realidad, se han creado webs que facilitan los encuentros entre infieles, de manera organizada, en Francia, Italia, Suiza, Bélgica, España o Australia, y esto es solo el principio del negocio.

- **Adulterio**

Es una consecuencia directa de la infidelidad. La palabra deriva del latín *adulterare,* que significa «adulterar» o «in-

> *La economía es importante, la libertad*
> *es más importante, pero la fidelidad es todavía más*
> *importante.*
> *Cuando no se respeta esta jerarquía sino que se*
> *invierte, se crea un desajuste y una destrucción,*
> *también en los bienes materiales.*
>
> ALFRED DELP
> Jesuita alemán (1907-1945)

troducir sustancias impuras». Con ello se entendía que los hijos provenientes de esta práctica estaban «adulterados» y no eran propios.

El adulterio está condenado por las culturas monógamas y por las polígamas. Tal es la importancia de este concepto que hasta la segunda mitad del siglo XX, en Estados Unidos (por ejemplo, en Texas), el hombre que descubría a su mujer cometiendo el delito de adulterio y mataba a su amante no era considerado culpable del crimen.[3]

En los treinta años transcurridos desde el fallecimiento de John F. Kennedy hasta la presidencia de Bill Clinton (recuérdese que su aventura con Monica Lewinsky

---

[3] *Cómo funciona la mente.* Steven Pinker. Destino, Barcelona, 2008.

le costó el cargo), la opinión sobre el adulterio del varón —el de la mujer estaba prohibido— ha cambiado notablemente tanto en Estados Unidos, que lidera en gran medida las tendencias de la cultura occidental, como en Europa. Aun así, la infidelidad y el adulterio siguen siendo dos de las causas principales de separación en las parejas.

- **Sinceridad**

La antigua máxima sigue siendo válida: es más fácil coger a un mentiroso que a un cojo. La sinceridad es esencial en la pareja. No debemos mentir, pues una pequeña mentira, sin importancia para nosotros, puede tener graves consecuencias y dar lugar a una desconfianza creciente en el ser amado. La sinceridad es la base de la confianza, y esta forma parte de los cimientos sobre los que construir una unión que la precisa.

- **Empatía**

Esta es una virtud «nueva» que implica ser capaz de entender lo que dice el otro, precisamente desde su punto de vista. Resulta fácil de describir, pero es muy difícil estar seguro de que se ha acertado al llevarla a la práctica. De todas formas, intentar ponerse en el lugar del otro ya es un gran ejercicio de empatía.

- **Resiliencia**

También este es un término relativamente moderno. Deriva del latín *resilio,* que significa «rebotar». En psicología, se entiende como la capacidad de aguantar, resistir y continuar con un proyecto; es un valor necesario para evitar rendirse, al menos de manera inmediata, ante las adversidades.

- **Compasión**

Virtud entendida como que no solo comprendemos los sufrimientos de la pareja, sino que, además, queremos ayudarla a superarlos con todas nuestras fuerzas.

- **Sexo placentero**

«¿Por qué lo llaman *amor,* cuando quieren decir *sexo?*».[4] Hay que llamar a las cosas por su nombre. El sexo es uno de los elementos más importantes en el mantenimiento de la pareja. Cuando este fracasa, la continuidad de la relación se ve seriamente afectada.

Además del placer, del sexo dependen otros aspectos muy importantes para la pareja y para la especie. Son factores bien conocidos por todos, pero que en ocasiones parecemos olvidar o no queremos tener en cuenta:

- *Factores reproductivos*

   De ellos depende el futuro de nuestra civilización y de nuestra especie. Bastaría con que una sola generación no fuera reproductiva para que los humanos

---

[4] Frase atribuida al genial actor y humorista estadounidense Groucho Marx (1890-1977).

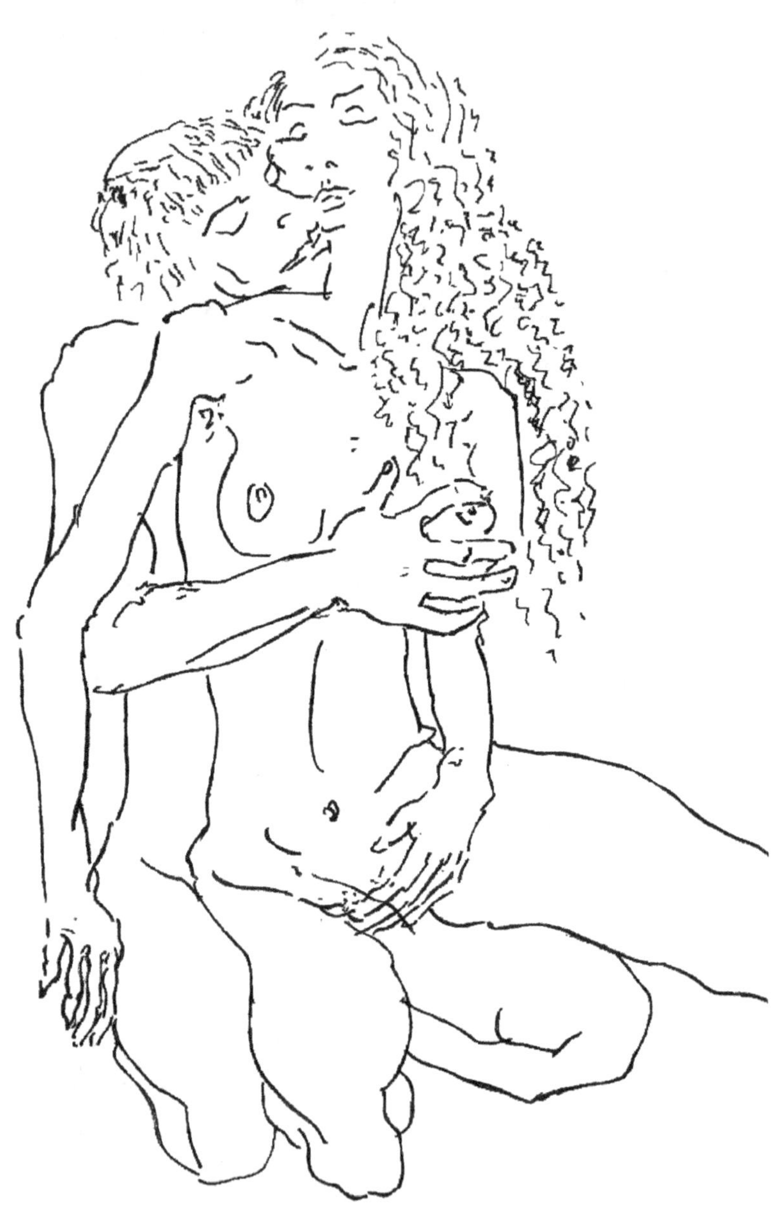

El sexo placentero es uno de los motores más importantes
en la continuidad de la pareja.

desaparecieran de la faz de la Tierra, de ahí su importancia y fuerza extraordinaria.

— *Factores genéticos*

De ellos parten los lazos que crean el clan familiar, con una fuerza de amor y de unión —y, en ocasiones, de odio— fuera de toda lógica.

Los lazos genéticos son los que justifican el nepotismo (del latín *nepotem,* «sobrino») y permiten comprender que los vínculos se extienden más allá de los hijos, hermanos y padres, y alcanzan a tíos, primos, sobrinos, etc.

La fuerza del nepotismo se mantiene a lo largo de la historia, pues innumerables ejemplos lo actualizan diariamente. En gran parte, el adulterio es un factor que pesa muchísimo en la ruptura de la pareja, porque «adultera el clan».

El sexo en la pareja

Si bien el sexo es un elemento fundamental en la vida de pareja por las muchas facetas que este conlleva, resulta insatisfactorio en demasiadas de ellas. No nos extenderemos aquí en relación con las disfunciones sexuales, pero sí queremos mencionar algunas de las principales causas que conducen al sexo insatisfactorio.

Es necesario conocer que la sexualidad del hombre y la de la mujer son distintas. Por ejemplo, la testosterona mantiene al

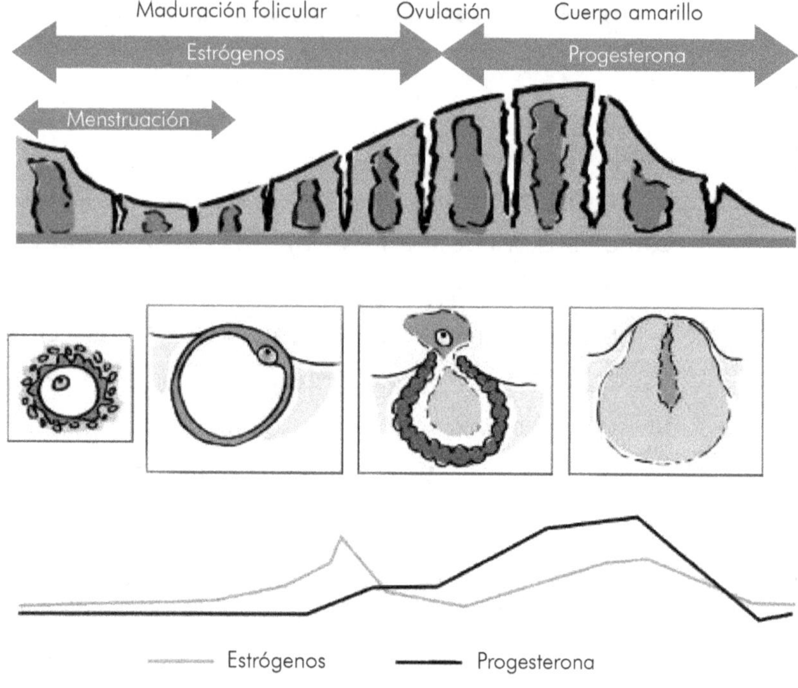

Gráfico 2. El ciclo hormonal femenino proporciona distintos niveles de excitabilidad sexual, que varían a lo largo del mes.

varón preparado permanentemente para las relaciones sexuales; por ello se dice que el hombre tiene una sexualidad «visual», rápida y fácil de excitar. Al fin y al cabo, puede dejar embarazadas a miles de mujeres.

En cambio, el ciclo hormonal femenino proporciona distintos niveles de excitabilidad sexual, que varían a lo largo del mes.

La mujer debe elegir mejor, pues solo puede quedar embarazada por unos pocos hombres, o en un número limitado de veces. Quizá por ello la excitación sexual de la mujer no es tan rápida como la del varón. La excitación de la mujer, frente a la considerada más visual del varón, se describe como «auditiva»; por eso, para realizar sexo, la mujer precisa «un motivo», mientras que el hombre solo necesita «un lugar».

Además, el estado afectivo sexual de la mujer puede alterarse por pequeños detalles: un pequeño cambio en la comunicación con el varón (determinados comentarios, alusiones, olores, gestos, miradas etc., que este no es capaz de percibir) puede frustrar, en pocos segundos, el deseo de iniciar o concluir satisfactoriamente una relación sexual.

Todos estos factores condicionan sin duda la aparición del orgasmo, que debe superar distintas fases para producirse: excitación, meseta, orgasmo y resolución o fase refractaria. El conjunto de ellas describe una curva distinta en el hombre y en la mujer.

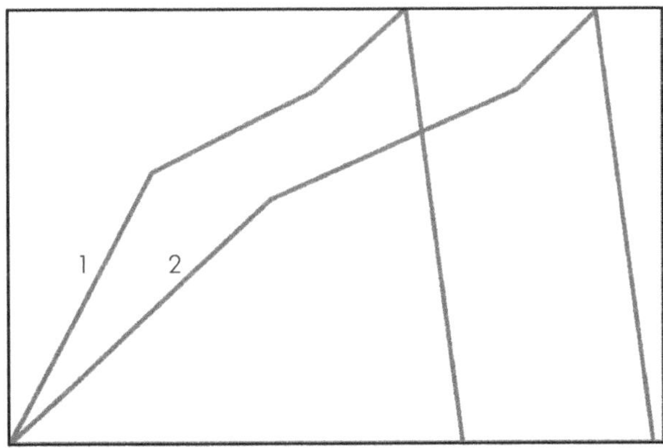

Gráfico 3. Representación gráfica del perfil orgásmico
de un varón (1) y del de una mujer (2). La mujer suele precisar
más tiempo para alcanzar el orgasmo.

Disfunciones sexuales

• En el varón:
  – Disfunción eréctil
  – Eyaculación precoz
  – Búsqueda del propio orgasmo desentendiéndose del de su pareja

• En la mujer:
  – Deseo sexual hipoactivo o pérdida del deseo
  – Falta de lubricación vaginal
  – Anorgasmias

Tabla 3. Disfunciones sexuales más frecuentes en el varón
y en la mujer.

En el varón, en general, la fase de excitación crece rápidamente; en cambio, en la mujer es más lenta, hecho que puede producir desajustes en el orgasmo femenino.

Todo ello provoca que el sexo *no placentero* en la pareja estable sea más frecuente de lo que pensamos. Los motivos pueden ser múltiples.

Con el paso del tiempo, el sexo puede rutinizarse y perder interés, frescura e imaginación, por parte de uno o de ambos integrantes de la pareja.

La mujer se ha vuelto más exigente en sus derechos sexuales. De ellos y de sus orgasmos casi no se habló hasta la década de 1950; anteriormente, sus derechos pasaban por la satisfacción sexual de su pareja masculina, y poco más. Hoy, la mujer reivindica su satisfacción sexual a la par que la del hombre.

> *Cuando dos personas se emparejan*
> *es para ir en la misma dirección,*
> *no para hacerse la vida imposible.*

Determinadas enfermedades pueden influir en las disfunciones sexuales: diabetes, polineuropatías, problemas vasculares, incremento del estrés, disminución de los niveles de hormonas sexuales, incremento de la prolactina, etc.

Como en otros problemas, el diálogo y la búsqueda de soluciones conjuntas pueden evitar que estas alteraciones se tornen irresolubles.

Objetivos conyugales comunes

En este apartado tienen cabida muchos factores, incluso algunos de los ya comentados, que se van actualizando a lo largo del tiempo de unión, con el consenso de ambos. Veamos a continuación ejemplos de ello.

- **Poseer y mantener afinidad cultural**
  Por «cultura» debemos entender un amplio concepto que abarca conocimientos propios sobre costumbres, trabajo, tipo de familia, gastronomía, modos de vida, ocio, arte, música, religión y un largo etcétera. Mantener la afinidad

> *Lo importante de la pareja es la cultura común.*
>
> Simone Veil
> Primera mujer ministra de la V República francesa

cultural evita un buen número de controversias y facilita muchos puntos de encuentro.

- **Microcultura**

Además de los elementos que podemos englobar en una «macrocultura», existe también una importante «microcultura» que comprende desde el orden que debe imperar en el hogar hasta la forma de comer, la higiene personal o dónde se deposita la ropa sucia. Se trata de situaciones cotidianas que, de no resolverlas bien, pueden ocasionar pequeños pero continuados desencuentros diarios, que esperan su oportunidad para decidir entre cuestiones mucho más importantes.

Para convivir en pareja, el amor es necesario, pero también es imprescindible la buena educación.

- **Número y educación de los hijos**

Este es uno de los pilares fundamentales de la pareja. Es difícil que se mantenga unida si hay desacuerdo en este aspecto; por ejemplo, si uno desea descendencia y el otro no, o si no son capaces de fijar el número máximo de hijos que ambos están dispuestos a tener.

En Europa, en la segunda década del siglo xxi, el 20 % de las mujeres, por distintos motivos, no quieren tener hijos, decisión que deben consensuar con sus compañeros.

En cuanto a la educación, ha de iniciarse en el seno de la pareja, y el niño debe ser testigo y receptor del trabajo y esfuerzo de ambos.

Pero que la educación se inicie en el hogar no significa que no pueda ser errónea. Hay muchas familias que creen en la «educación berlusconiana» y piensan que para sus hijas el mejor futuro es ser *velinas* o azafatas de televisión, modelos de publicidad, cuyo cuerpo, en el mejor de los casos, sirve de adorno.

En España, los «ni-ni», jóvenes entre los dieciocho y los veinticuatro años que ni estudian ni trabajan, representaban en 2011 el 23 % del total de la población dentro de esa franja de edad, y el 50 % del paro juvenil. Unas cifras que indican claramente la magnitud del fracaso en el desarrollo social de estos jóvenes, criados en el seno de parejas, unidas o separadas, que puede entenderse como un fracaso en sus objetivos vivenciales.

> *No he querido ser madre. Simplemente no se ajustaba al camino de mi carrera.*
>
> Angela Merkel
> Octava canciller de la República Federal de Alemania

Las carencias del colectivo ni-ni pueden conducir a que la personalidad de estos jóvenes se vea profundamente desestructurada, con tendencias a la arrogancia, el hedonismo, la frustración y la falta de autocontrol. De hecho, sin mayor información, pueden dar equivocadamente por sentado que la satisfacción de sus necesidades es total responsabilidad de sus padres.

Esta formación o preparación para la vida en sociedad, si es que se puede llamar así, es la que probablemente les impedirá mantener relaciones de pareja estables y responsables, y lo que puede traducirse con el tiempo en actitudes cercanas a la violencia de género.

- **Pactar y cumplir los papeles sociales en la pareja**
Los papeles asignados al hombre y a la mujer cuentan con una tradición muy arraigada en la historia. El sometimiento de la fémina a determinadas funciones (cuidado y educación de los hijos, el hogar, los padres y abuelos, etc.) sigue estando presente en la mayoría de los lugares del planeta (India, países islámicos, China, América Central, América del Sur, África, etc.).

En España, hasta 1975, el Código Civil también entendía la familia como un reino patriarcal, en el que la mujer dependía primero de su padre y, posteriormente, de su marido, al que continuaba sometida. A partir de esa fecha, se produjo una progresiva e imparable incorporación de la mujer al mundo laboral, económico y social, y con ello ganó independencia con respecto al varón.

*Hoy en día, los papeles desempeñados
por los miembros de la pareja
son los que esta decida de común acuerdo.*

Actualmente, la mujer española goza de los mismos derechos y obligaciones que el varón, sin que exista ninguna dependencia de tipo legal hacia él.

- **Conciliación laboral y familiar**
Entendida como la combinación de trabajo y vida familiar, la conciliación es en España una cuestión más teórica que práctica. Valgan como ejemplo las siguientes cifras:

  - En 2009, solo el 1,7 % de los permisos completos por nacimiento de un hijo correspondieron a los hombres, frente al 98,3 % de las mujeres, según los datos publicados por la Seguridad Social para ese año.
  - El 94,4 % de las excedencias para cuidar de los hijos fueron solicitadas por mujeres, según datos de la misma fuente, también para ese año.
  - Las tareas domésticas y el cuidado de los hijos los realizan las mujeres en el 93 % de los casos, frente al exiguo 7 % de los varones, según los datos de la Encuesta de Empleo a Tiempo Parcial del INE de 2010.

— Los varones españoles son los que dedican menos horas a las tareas domésticas, según un informe anual de Panorama y Sociedad (1 hora y 45 minutos al día, frente a 3 horas y 7 minutos de la mujer), solo superados en todo el mundo por los varones surcoreanos, japoneses, portugueses e italianos.

Estos datos son suficientemente significativos para apreciar la falsedad de la igualdad de papeles en la pareja, ni incluso en tendencia.

Esther Casademont y Mar Galtés, autoras de *El timo de la superwoman,* afirman que, si bien desde las últimas décadas del siglo xx las mujeres han dado un paso importante en el ámbito laboral, los varones no han hecho lo mismo en el doméstico. Las mujeres son las que deben multiplicarse: hijos, trabajo y hogar, hasta el agotamiento. El hombre suele apostar más por lo profesional que por lo personal. Ellas renuncian más a su carrera profesional que ellos.

Falta también concretar en qué consiste la conciliación laboral y familiar para que no deje lugar a dudas. Dedicar más tiempo a la pareja y a los hijos, así como a la educación de estos, no es una obligación, sino un privilegio que concierne a ambos miembros de la pareja. Pero todo indica que estamos todavía muy lejos de alcanzar estos objetivos.

En ocasiones, esta complejidad constituye el caldo de cultivo de las dificultades de supervivencia de la pareja. No se dan las condiciones deseables y razonables: flexibili-

> *En ocasiones, la mujer ha ganado algo,*
> *pero no sabe exactamente qué.*
> *El hombre puede que haya perdido algo,*
> *pero tampoco sabe exactamente qué.*

dad en el trabajo, permisos, suficientes guarderías públicas, falta de tiempo de dedicación a la formación y educación personalizada, etc., para que los padres se involucren en el difícil proyecto de los hijos.

Muchas parejas no podrían mantener su ritmo de vida sin la ayuda de los abuelos, por lo que el problema dista mucho de estar resuelto. En España, más de dos millones de abuelos educan a más de cuatro millones de niños, pese a que el nivel de conocimientos de los abuelos es inferior al de los padres.

La situación se agrava en las parejas de inmigrantes al carecer de redes familiares de apoyo, a lo que suelen sumarse mayores problemas económicos, de desarraigo, de desconocimiento del idioma y de la cultura, de racismo, de xenofobia, etc.

La globalización, además, provoca que convivan en un mismo espacio y tiempo culturas forjadas con libertades muy distintas, lo cual crea tensiones añadidas sobre todo en las mujeres, quienes, por efecto comparativo, «evolucionan» más rápidamente y rompen los lazos de sometimiento con el varón, algo que no siempre es entendido por este.

Muchas mujeres se sienten más libres y exitosas, pero a la vez más agotadas e inseguras. Y muchos hombres se encuentran más confusos ante las féminas, frustrados, criticados y poco respetados por ellas.

Así pues, el incumplimiento en la igualdad de papeles sigue siendo una causa que separa más que une a las parejas de nuestro tiempo.

- **Ser *versus* tener**

El viejo aforismo que dicta que no es más rico el que más tiene, sino el que menos precisa mantiene hoy plena vigencia.

Los extremos siempre pueden llevar a situaciones inimaginables. Los casos de corrupción de los cargos públi-

> *Convertir el dinero en el criterio*
> *para cualquier respetabilidad,*
> *en el fundamento de cualquier poder,*
> *de cualquier jerarquía,*
> *hace trizas, a la postre, el tejido social.*
>
> Amin Maalouf
> Escritor libanés, premio Príncipe de Asturias
> de las Letras en 2010

cos, de especuladores sin escrúpulos o de la usura de la banca y su papel en la crisis económica hacen válido el criterio del escritor libanés Amin Maalouf en su libro *El desajuste del mundo*.

Toda inversión de la persona o la pareja en incrementar su formación, su conocimiento, su «ser» siempre es buena, y con ello no se «hipoteca» tanto.

- **Política y religión**

  Posturas, pensamientos y sentimientos políticos similares forman parte, al igual que la religión, del acervo cultural de la pareja.

  Creer en el mismo dios —o en su ausencia—, en los mismos principios, en una ética y moral conjunta, etc., sin duda forma parte de los lazos que unen a la pareja, de igual modo que a las personas de un mismo movimiento social.

  Con el tiempo, lo que en una primera fase de creación de la pareja puede pasar desapercibido emerge con fuerza si las convicciones y las ideologías son divergentes. Más que de las creencias, las discrepancias surgen del fundamentalismo y la intolerancia de su práctica.

- **Falta de tiempo y aficiones no compartidas**

  Hoy y siempre, el tiempo constituye un bien escaso que es preciso aprender a gestionar adecuadamente.

  Si a nuestra rutina diaria de entre diez y doce horas de trabajo y desplazamiento sumamos las ocho necesarias para el descanso, quedan tan solo unas cuatro horas para repartir entre pareja, hijos, padres, amistades, compromisos sociales, aficiones, etc.

Las aficiones, entendidas como el tiempo dedicado a realizar actividades agradables, para descongestionar la mente de las tensiones diarias, contribuyen al equilibrio personal de cada miembro de la pareja y, con frecuencia, son esenciales para mantener un grado de felicidad y equilibrio.

Para algunos, las aficiones son lo que da sentido a sus vidas. Este apartado comprende, entre otros, internet, deportes, baile, lecturas, música, artes, televisión, teatro, cine, coleccionismo y un largo etcétera que pueden unir, si se comparten, o separar, en caso contrario.

- **Drogas y otras adicciones**

No podemos silenciar la gran prevalencia de las drogas en nuestra sociedad, un factor que hace tambalear los cimientos de un buen número de parejas.

Todas las drogas alteran, con mayor o menor intensidad, la personalidad de quien las consume. Alcohol, cocaína, heroína, metanfetaminas, alucinógenos, etc., cambian para siempre la relación del individuo con las personas de su entorno más inmediato, sobre todo con la pareja.

Las adicciones facilitan la liberación de dopamina en el sistema dopaminérgico, lo que causa un placer momentáneo por el que después se paga un alto precio.

El consumo de drogas cambia para siempre la relación del individuo
con las personas de su entorno, sobre todo con la pareja.

Los juegos de azar, el uso abusivo de internet, las compras compulsivas, las cleptomanías, etc., son otros ejemplos que se suman a la lista de influencias perniciosas para la vida en pareja.

- **Celos**

La duda sobre la fidelidad del compañero o compañera, la sospecha constante ante cualquier indicio real o ficticio, puede hacer inviable el mantenimiento de cualquier pareja, máxime si los celos están sustentados en otros factores aflictivos; por ejemplo, la adicción al alcohol.

- **Machismo**

Es toda una cultura, en la que caben la mayoría de los factores mencionados. Se basa en la creencia de que el varón es superior a la mujer, en todos los campos. Como hemos visto, viene de muy lejos, y es consecuencia de un seguidismo en la educación «clásica» que se recoge en muchas familias y se perpetúa. A ello se suma la rememoración constante llevada a cabo por los medios de comunicación, cuyos mensajes imponen con sutileza —a veces, no tanta— un pensamiento único de marcado carácter machista.

- **Responsabilidad**

Por último, aunque la lista podría ser más larga, debemos mencionar la *responsabilidad*. Tiene esta virtud todo aquel que cumple con la palabra dada y respeta lo pactado.

> *Cuando alguien rompe una relación,*
> *no es porque no puede comprender lo que el otro*
> *ha hecho y ponerse en su piel, sino porque*
> *se había generado unas expectativas irreales.*
>
> ÅSA LARSSON
> Escritora sueca

Por el contrario, irresponsable es quien, con voluntad o sin ella, no es capaz de asumir sus compromisos (cuidado y educación de los hijos, fidelidad, aporte de su parte económica, etc.).

Ciertamente, no resulta fácil actuar siempre con responsabilidad, como tampoco lo es vivir en pareja. Pero comportarse de manera irresponsable es con seguridad catastrófico para una relación amorosa.

El desequilibrio y la separación

Todos aquellos factores que nos unen a alguien pueden también, en algún momento, tender a separarnos de esa misma persona. De igual modo, ciertos «ingredientes» que determinan la relación, por uno u otro motivo, se pueden ir extinguiendo (amor, respeto, cuidado, fidelidad, sexo placentero, objetivos conyugales, tolerancia…). Si se llega a ese punto de no retorno,

> *El matrimonio es un vínculo de la cabeza,*
> *no del corazón.*
>
> ARTHUR SCHOPENHAUER
> Filósofo alemán (1788-1860)

emerge todo aquello que, directamente, separa a una pareja: infidelidad, intolerancia, incumplimiento de los pactos, problemas económicos, celos, drogas, etc.

La separación se produce, pues, cuando aparece un desequilibrio insoportable entre las causas que unen y las que separan a las parejas, aunque la valoración de este desequilibrio sea distinta para cada una de ellas. Así, lo que para unas es del todo insoportable, para otras resulta perfectamente asumible.

Puede que la aparición de uno solo de los factores que hemos comentado —por ejemplo, la infidelidad— sea razón suficiente para que algunas parejas rompan su compromiso. Otras precisan un mayor desequilibrio para dar por terminada la relación. De este modo, el amor se transforma en desamor.

Si tenemos en cuenta todos los aspectos tratados en este capítulo, y les añadimos el sentido de la responsabilidad, contaremos con unos pilares firmes para formar parejas más sólidas y cónyuges más solidarios.

Más que buscar nuestra media naranja, deberíamos aprender a convivir con otra «naranja» completa.

Capítulo 4

Consecuencias de la separación de la pareja

Para algunas personas, la pareja se entiende como una relación de conflicto inestable, en la que se entremezclan emociones, sentimientos e intereses, cuyo mantenimiento no siempre es posible. Cuando llega el momento de la separación, esta raramente se produce de mutuo acuerdo. Lo habitual es que uno o ambos miembros se sientan heridos y, por distintos motivos, decidan que no pueden continuar juntos.

Alteraciones que comporta la separación

Separarse, tanto si es de común acuerdo como si no, comporta numerosas y diferentes consecuencias para la pareja y para las personas de su entorno. Su día a día experimenta profundas alteraciones; entre ellas, destacamos tres por considerarlas las más relevantes, aunque no las únicas.

Alteraciones emocionales

Una ruptura de pareja comporta renunciar a sueños e ilusiones comunes que difícilmente se cumplirán posteriormente. Pero los daños emocionales afectan también a las personas del entorno familiar, laboral, social, etc.:

- *Los hijos:* en ocasiones, la separación de los progenitores mejora la situación emocional que se vive en el hogar, pero otras veces, según la edad de los hijos y otras circunstancias, estos cargan con el lastre de la separación durante un largo periodo de sus vidas (traslados frecuentes del domicilio materno al paterno, y viceversa; días y fechas de convivencia obligada con uno u otro progenitor impuestos por decisión judicial, etc.).
- *Los padres y suegros* de la pareja: han creado lazos de unión con ambos cónyuges que son difíciles de mantener dadas las nuevas circunstancias. Además, en ocasiones, la separación representa para ellos la vuelta al hogar del hijo o la hija, y nuevas responsabilidades con los nietos.
- *Los amigos* de ambos: si la relación ha acabado mal, se ven forzados a tomar partido a favor de una de las partes, etc.

Para algunas personas, la pareja se entiende como una relación de conflicto inestable, en la que se entremezclan emociones, sentimientos e intereses.

> *Al acabar una relación, sientes*
> *que te han robado una franja de tu vida.*
>
> SERGIO DALMA
> Cantautor

Alteraciones económicas

Con frecuencia, saltan a las páginas de los medios de comunicación sensacionalistas noticias sobre divorcios millonarios que escandalizan cualquier conciencia con un mínimo de sensibilidad social. No hacen sino mostrar las diferencias existentes entre clases sociales.

No es el caso del 99 % de la población, de manera que nos centraremos en las situaciones que pueden vivir la mayoría de las parejas.

En España, si no se acuerda previamente la separación de bienes, las propiedades adquiridas durante el matrimonio pertenecen a ambos cónyuges y se reparten equitativamente al separarse.

Un problema añadido es que, aparte del agotamiento emocional y financiero que supone una separación, con frecuencia las carreras profesionales de los afectados también se resienten.

En muchas ocasiones, al final de una separación, la situación de la economía personal de los excónyuges es dramática. Piénsese en el pago de pensiones, estudios, alimentación, formación de los hijos y de la propia, mantenimiento de dos viviendas, etc.

Con respecto a esto último, una sentencia del Tribunal Supremo en el año 2011, que por cierto crea jurisprudencia, establece que, en caso de separación, la hipoteca de la vivienda familiar debe sufragarse a partes iguales. De modo que, si ya es difícil atender a los costes relatados, la suma de la hipoteca de un inmueble en el que ya no se habita empeora aún más la economía de uno de los cónyuges, habitualmente el varón.

Por este y otros motivos, en la actualidad, muchas parejas deciden de antemano mantener economías separadas, es decir, aportar mensualmente una cantidad fija para gastos comunes y reservarse una parte de los ingresos o su patrimonio en previsión de que la unión no dure el tiempo deseado.

Alteraciones sociales

Las decisiones que tomamos tienen consecuencias sociales, pues la sociedad no es sino el resultado de la interacción entre las personas. Una vez concluida la aventura de vivir en pareja, podemos tomar diversos caminos:

- **Seguir en solitario**

  No encontramos, o resulta insuficiente, la fuerza interior que nos empuja a unirnos a otra persona. Además, las lesiones infligidas en la relación anterior nos han vuelto más suspicaces y desconfiados. Hemos descubierto «la cara oculta de la luna», quizá la de las disputas, las luchas, la falta de respeto, la infidelidad y el desamor.

- **Volverse a enamorar**

  No siempre está en nuestras manos, pero la química del enamoramiento es muy potente y tiende a unirnos a una nueva persona, con independencia de cuáles sean sus circunstancias personales.

  Muy a menudo funciona. Pero también con frecuencia, sobre todo cuando ambos cargan con el peso de uno o más fracasos de pareja y sus correspondientes consecuencias, esa situación complica la existencia.

- **Nuevas formas de unión**

  En las últimas décadas, las relaciones de pareja han cambiado. Los anglosajones han bautizado la nueva tendencia como *living-apart-together,* que literalmente significa «vivir separados y juntos». Se trata de una relación sin convivencia en la misma casa, o de parejas «con cama fuera». Permite a cada miembro conservar su individualidad, su independencia económica y familiar (si hubiere hijos a cargo), mantiene la «magia» del encuentro..., pero también propicia relaciones más superficiales y con menor grado de responsabilidad, o solo con compromisos parciales.

Cambios en la cultura de pareja

Los resultados de nuestra cultura de pareja —la cual, por otra parte, brinda una libertad individual sin precedentes— permiten vislumbrar un escenario social caracterizado por cambios en algunos aspectos clave.

- **Hijos y modo de vida**

  El número de hijos que cada pareja decide tener depende de múltiples factores, pero uno de los que tienen mayor incidencia es el equilibrio de esta. Una relación equilibrada propicia el marco idóneo para la procreación.

  Por el contrario, si no va seguida de otra unión, constituye una barrera infranqueable para la procreación, además de incrementar las dificultades para la educación de los hijos, dada la escasez, cada vez más acuciante, de recursos que el Estado dedica a estos menesteres.

  Según un estudio de la Fundación Acción Familiar basado en datos del INE y Eurostat, el 51 % de las mujeres españolas que trabajan no tienen hijos, y la mayoría de ellas aduce como obstáculo principal las jornadas laborales excesivamente rígidas y prolongadas. El estudio también señala que el 85 % de las mujeres trabajadoras renuncia a tener más de un hijo por motivos laborales. Todo ello influirá sin duda en la pirámide poblacional y en los recursos de una población cada vez más anciana y longeva.

- **Integración cultural**

  La cultura de pareja tiende a la interacción de diferentes modos de vida. Muchos de los jóvenes trabajadores que llegarán a España a lo largo del siglo XXI procederán de culturas distintas, y los que marchan a otros países quizá regresen acompañados de una familia que hayan formado en un entorno cultural diferente. Los movimientos migratorios, entre otros motivos, resultarán uno de los factores más poderosos para la evolución de la cultura de pareja, que tenderá a una modificación de nuestra cultura, no forzosamente para peor, pero sí distinta.

El contrato de la pareja

Las consecuencias comentadas sobre la separación de la pareja nos hacen tomar conciencia de que su unión, por escrito o no, ya sea civil, religiosa o un pacto entre dos, establece un contrato

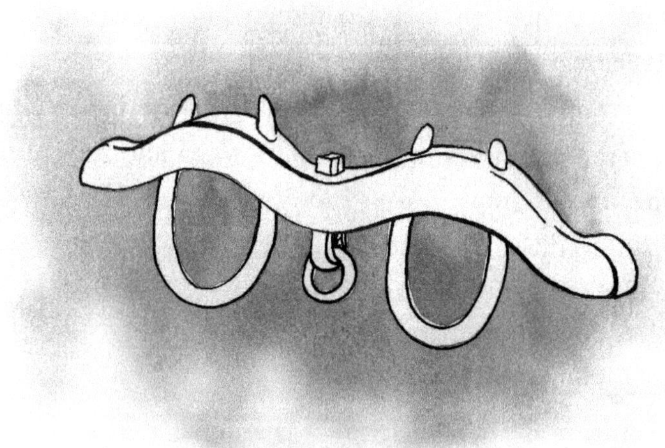

El término *cónyuge* tiene su origen en que ambos miembros de la pareja se avienen a llevar el mismo «yugo», que los unirá a lo largo de su camino.

que toma importancia cuando las diferencias entre ambos son irreconciliables.

Una vez más, la etimología de las palabras nos descubre los conceptos originales a los que hacen referencia, y cómo el uso y el tiempo desgastan, en ocasiones, este significado. De ahí, por ejemplo, que se denomine *contrayentes* a los que forman la pareja, pues firman un contrato.

Asimismo, el término *cónyuge* tiene su origen en que ambos miembros de la pareja se avienen a llevar el mismo «yugo», que los unirá a lo largo de su camino.

Evolución de las normas que rigen la pareja

Las normas que rigen la unión y la separación de la pareja han evolucionado con el transcurrir del tiempo. Si nos remontamos a la época del Imperio romano, descubrimos en su derecho la raíz de las normas que regían la relación del matrimonio. De hecho, la palabra *matrimonio* deriva de la latina *matrimonium,* definida como el derecho que adquiría la mujer, cuando lo contraía, a poder ser madre dentro de la legalidad.

Así, por medio del matrimonio, los hijos de las mujeres tenían un padre legítimo, el *pater familias,* que se comprometía a educarlos, criarlos y alimentarlos hasta que adquirieran la plena capacidad legal.

Durante mucho tiempo, el derecho romano estableció las reglas de la pareja, primero en el imperio y después en los nuevos países que se formaron como consecuencia de su desintegración.

Más recientemente y hasta finales del siglo XX, en España estas relaciones se regían por las leyes del matrimonio eclesiástico, que dictaminaba que los contrayentes se comprometían con su pareja, en el momento del enlace, «a serle fiel, amarla y cuidarla en la riqueza y en la pobreza, en la salud y en la enfermedad, hasta que la muerte los separe».

Esta concepción se mantuvo en dicho país hasta 1981, año en el que la Ley 3/1981 de 7 de julio modificó la regulación del matrimonio, que el Código Civil del franquismo mantenía como indisoluble. A partir de entonces, todo matrimonio podía disolver civilmente su relación si se incumplían determinados aspectos, pues se estipulaba, en su artículo 68, que los cónyuges tenían la obligación de «vivir juntos, guardarse fidelidad, socorrerse mutuamente y compartir las responsabilidades domésticas, así como el cuidado y la atención de los ascendientes, los descendientes y de otras personas dependientes de su cargo».

Posteriormente, la Ley 15/2005 de 8 de julio incrementó las posibilidades de divorcio o separación, que permitió incluso «en ausencia de causa». Si hasta entonces, para separarse o divorciarse, se debían alegar los motivos de la demanda, desde la aprobación de esta ley basta con que uno de los componentes desee finiquitar la unión y lo solicite a la justicia; esta no puede rechazar la demanda.

> La separación se produce cuando, de manera individual, uno de los componentes de la pareja decide, con razón o sin ella, que lo ocurrido en el pasado,

o lo que cree que le espera en el futuro, crea un balance desfavorable que no le permite seguir unido a la otra persona.

Así pues, la decisión de continuar o no con la pareja es personal, pero las condiciones en las que una relación se rompe no dependen de lo que nosotros queramos o creamos, sino de lo que dictamine la justicia, aunque esta y el fallo que comporta resulten muy costosos para nuestra economía personal o nos parezcan injustos. Es entonces cuando tomamos plena conciencia de que con la formación de la pareja hemos firmado un largo contrato, y de que romperlo comporta un determinado precio que solo conocemos cuando lo dicta la justicia.

Por este motivo, según el Código Civil de Cataluña, desde el 1 de enero de 2011, las parejas pueden pactar las condiciones de su divorcio antes de casarse (se trata de un modelo casi idéntico al implantado en Estados Unidos). No es algo nuevo. Tiempo atrás, estas cláusulas se conocían como *capitulaciones matrimoniales,* y en el Código Civil catalán han pasado a conformar el denominado *pacto de previsión de una ruptura matrimonial.* Con ello se facilitan los acuerdos, previo enlace civil o religioso, en cuanto al reparto de bienes, las obligaciones y los derechos que amparan a los cónyuges si la relación llega a su fin.

El artículo 231-20 del Código Civil insta a los contrayentes a aportar toda la información sobre su patrimonio, ingresos económicos y expectativas de crecimiento de negocio en caso de existir. Pero deja muy claro que el pacto no es definitivo. La ley prevé que los acuerdos rubricados ante notario pueden anularse si durante la relación se ha producido un cambio sustancial de la situación que tenían los cónyuges en el momento de la firma. En este caso, la justicia puede acordar modificaciones al pacto, también válido para parejas de hecho.

La nueva ley no fija custodias de hijos ni otros acuerdos que atenten contra el derecho de las personas, pues está concebida fundamentalmente para proteger el patrimonio personal más que para conceder bienes o compensaciones económicas cuando tiene lugar la separación.

La violencia de género en la separación de la pareja

Cuando en la pareja aparecen situaciones críticas que los cónyuges no tienen posibilidad de superar, la vía normal de separación suele ser el acuerdo personal, o bien el judicial, si el primero no ha sido suficiente.

Pero no siempre ocurre así, y la violencia aparece también en demasiadas ocasiones, habitualmente ejercida por el varón, para obtener una solución ventajosa a sus intereses y voluntades de todo tipo cuando sus razonamientos han demostrado ser insuficientes.

Algunos creen que los compromisos son exclusivamente los que ellos fijan con sus respectivas parejas, basados en la reflexión personal y en su cultura. Craso error, pues, como hemos indicado, en caso de disputa es la justicia ordinaria, por medio de un juez, la que ha de dictaminar las condiciones de la separación, estemos de acuerdo con ellas o no.

La «justicia emocional» en la pareja

En un mundo globalizado, donde todavía no existe un código de justicia global, mucho menos está contemplado el concepto de «justicia emocional», entendida como los derechos de las personas valorados no como bienes o compensaciones económicas, sino como recompensa por los daños sufridos a consecuencia de las alteraciones en las emociones y los sentimientos.

En el caso de las relaciones de pareja, se ha de poder valorar no solo la justicia o injusticia de los actos de cada parte, basados en derechos y obligaciones del código de justicia vigente, sino también los daños causados en las emociones y los sentimientos del cónyuge y que pueden manifestarse, a veces durante muchísimo tiempo, como pérdida de la autoestima, miedo, ansiedad, depresión, desconfianza, desamor, inseguridad, crisis de pánico, disfunción sexual y un largo etcétera, que pueden conllevar cambios en la personalidad y alteraciones del carácter.

Para que exista «justicia emocional» se precisan, sin que en muchas ocasiones sea suficiente, grandes dosis de empatía, entendida como la capacidad de «ponerse en el lugar y en los sentimientos y las emociones del otro», y también de compasión, valor que permite entender las emociones del otro y que, además, queramos ayudarlo.

Sin duda, cada persona es un mundo; afirmación válida también para «el mundo emocional», un mundo real como la vida misma, pero todavía por explorar en muchos campos, entre los que se encuentra el de la «justicia emocional», también en la pareja.

Capítulo 5

Prevenir la ruptura de la pareja

En capítulos anteriores hemos visto que la ruptura de la pareja puede conllevar problemas de todo tipo (emocionales, económicos, sociales, de violencia de género, etc.); no obstante, a algunos de ellos podemos anticiparnos y prevenirlos o, al menos, evitar las complicaciones añadidas.

A continuación, mostramos distintas opciones, lógicas por otra parte, para prevenir fracasos no deseados en la pareja.

Cumplir con los pactos adquiridos

La base de la separación suele ser el incumplimiento de los pactos que, consciente o inconscientemente, lleva implícito el hecho de convivir en pareja.

Acuerdos hay tantos como parejas, por lo que intentar concretar normas generales carece de sentido. Recordemos, no obstante, algunos pactos y valores bastante comunes a la mayoría de las parejas.

- *Amor.* Entendido como la capacidad de dar, sin esperar nada a cambio, y sin que implique pertenencia ni condicionamientos para la libertad del otro, significa que estamos dispuestos a dar para que nuestra pareja sea feliz. La persona amada no nos pertenece, es libre de decidir en cualquier momento, aunque su decisión represente el fin de nuestro amor.

  Este tipo de amor nada tiene que ver con el querer; el concepto es distinto. Queremos aquello que, de un modo u otro, nos pertenece: «es mío/mía, y por eso lo/la quiero» (por supuesto, siempre que haga aquello que yo deseo...).

- *Respeto.* Significa aceptar la libertad de decisión de nuestra pareja, aunque no compartamos sus decisiones; permitir la libertad del otro en todo momento y aceptar, si así lo desea, incluso la separación, aunque a nuestros ojos sea algo injusto, y evidentemente sin asomo de violencia de ningún tipo.

- *Tolerancia.* Consiste en aceptar a la pareja, con sus virtudes y sus defectos, sin intentar «cambiarla con el tiempo».

- *Fidelidad.* Implica ser fiel no solo a la pareja en el campo sexual —que también—, sino asimismo a todas las promesas hechas, sin revocarlas después. La persona que es fiel permanece con su pareja en todo momento y circunstancia, aun cuando aquella no lo merezca (lo cual no significa que no deba hacérselo saber).

Algunas parejas, en su idiosincrasia, permiten o pactan la infidelidad sexual a cambio de su lealtad como persona, fuera del ámbito sexual. Esas son sus normas, mientras quieran cumplirlas o modificarlas.

* *Empatía.* Es la capacidad de comprender qué siente y por qué toma determinadas decisiones nuestra pareja.

* *Resiliencia.* Se define como la capacidad para resistir los posibles altibajos de la vida en pareja y continuar con el proyecto común. Incluye la aptitud para tolerar la frustración causada por no lograr los objetivos esperados.

* *Humildad.* Es el antídoto contra la soberbia. Nadie es perfecto ni imprescindible.

* *Paciencia.* Retardar la toma de decisiones puede facilitarlas y atenuar posibles errores.

> *Perdona no solo siete veces, sino setenta veces siete.*
>
> MATEO, 18; 21-35

- *Perdón.* Pese a la dificultad de su práctica, esta es una de las virtudes más eficaces para mantener a la pareja unida.

- *Sinceridad.* Una pareja que se basa en la mentira no tiene futuro. La sinceridad es tan necesaria como saber buscar el mejor momento y la mejor forma de exponerla.

Por otro lado, existen también comportamientos que, con toda seguridad, resquebrajan la solidez de una relación. De no modificarlos, carcomen la salud de la pareja hasta destruirla. Veamos algunos de ellos.

- *Celos.* Es un estado anímico patológico que nos incita a creer que no merecemos el amor de nuestra pareja, que no somos suficientemente buenos para él o ella. Pensamos que, antes o después, encontrará a alguien mejor y nos abandonará. La persona celosa sospecha de todas las demás, y la mejor manera de ayudarla consiste en mejorar su autoestima.

- *Drogas.* Alcohol, cocaína, heroína, LSD, marihuana, anfetaminas…: todas enmascaran una realidad que nos disgusta, aunque ninguna resuelve los problemas; en todo caso, los precipita, los retrasa o los complica. Se suele precisar la ayuda de profesionales para superar la adicción.

- *Incumplir la igualdad de los papeles.* Sobrecargar a uno de los miembros de la pareja con tareas en las que ambos deben colaborar suele ser un motivo frecuente de conflicto. Muchas mujeres se quejan, a menudo con razón, de que en casa «ellos no hacen nada». Dividirse las tareas siempre ayuda y el tiempo que hay que dedicar se reduce a la mitad; así, ambos quedan libres para dedicarse a otros asuntos.

* *Falta de tiempo.* No dedicar tiempo de calidad a estar a solas con la pareja; obsesionarse con el trabajo y perder de vista lo demás; referir constantemente cansancio; excusarse en los problemas económicos para no regalarse breves «escapadas románticas» o pequeños detalles; permitir que las necesidades y los deseos de los hijos hagan olvidar los de la pareja, etc.; todo ello no hace sino relegar la relación a un segundo o tercer plano desde el que cada vez resulta más difícil rescatarla.

Y un largo e interminable etcétera, si así lo queremos.

Detección precoz del deterioro de la pareja

¿Cómo podemos percibir que nuestra relación empieza a deteriorarse?

No todas las separaciones tienen el mismo grado de intensidad y sufrimiento. Algunas se presentan de manera súbita, por ejemplo, al descubrir una infidelidad, aunque en este caso suele haber un incumplimiento de pactos anterior. Es más habitual que la relación se enfríe día a día hasta llegar, con el tiempo, a situaciones que vuelven insostenible la convivencia.

Todo ello se detecta —si ponemos voluntad en hacerlo— en algo tan simple como la comunicación de la pareja.

Cambios en la comunicación de la pareja

Si entendemos por «comunicación» el modo que tiene la pareja de intercambiar ideas, emociones, sentimientos y pensamientos, no es de extrañar que en ella se halle la clave para detectar su buena o mala salud.

Recordemos algunas de las conclusiones a las que llegó el psicólogo Albert Mehrabian sobre la comunicación:

- Solo el 7 % de lo que comunicamos depende de las palabras que decimos.
- El 35 % depende de cómo lo decimos (aspectos paralingüísticos).
- El 58 % restante, de cómo lo comunicamos, mediante nuestro lenguaje no verbal (gestos, posturas, movimiento de los ojos, etc.).

Todo es importante, pero puede sorprendernos que *lo que decimos* tenga menos repercusión que el *cómo lo decimos,* en cuanto al tono y la comunicación no verbal que acompañan a las palabras. Analicemos con más detalle estos matices.

La mirada, elemento no verbal de vital importancia, desempeña
un papel especialmente destacado en la comunicación de la pareja.

- **Aquello que decimos**

   Aun siendo conscientes de que no es lo más importante de la comunicación, siempre podemos prevenir problemas derivados de las palabras que pronunciamos. Que digamos o nos digan algo no significa necesariamente que nos entendamos, pues existen unos filtros que no siempre tenemos en cuenta. Hay una gran diferencia entre:

   – lo que se dice y lo que se quiere decir,
   – lo que se dice y lo que se escucha,

– lo que se escucha y lo que se comprende,

– lo que se comprende y lo que se acepta,

– lo que se acepta y lo que se recuerda, y

– lo que se recuerda y lo que se cumple.

Lejos de restar importancia al contenido verbal, estos filtros ponen de manifiesto cuán complejo es hacer llegar el mensaje exacto que queremos transmitir.

Si nuestra intención es entendernos con alguien y alcanzar determinados acuerdos, debemos tener muy claro el asunto al que nos referimos y los objetivos que queremos lograr. En cambio, suele resultar inútil y negativo:

– Recordar agravios pasados.

– Aventurar incumplimientos futuros.

– Alargar innecesariamente las discusiones.

– El *tú* culpabilizador, que nos hace reconocer de antemano nuestra parte de responsabilidad en los problemas. Reproches del tipo «si no hubieras...» no mejoran la comprensión ni propician una actitud colaborativa de la otra parte.

- **Cómo lo decimos**

Ciertamente, en la comunicación, la forma (el *cómo*) es más importante que el contenido (el *qué*).

Existen infinidad de tonos conversacionales: desde afables, cariñosos, dulces, agradables, musicales, etc., hasta ácidos, desagradables, sarcásticos, irónicos, autoritarios, despreciativos… Todos ellos acaparan más nuestra atención y nuestros sentidos que las propias palabras.

La intensidad de la voz es otro factor importante. A medida que la alzamos, retamos inconscientemente a nuestro interlocutor a que nos imite.

Podemos comprobar como, habitualmente, la intensidad, el tono y el timbre de voz que se utilizan en los tres primeros minutos de una conversación tienen muchas probabilidades de ser los mismos con los que esta finaliza.

Merece la pena recordar estas cuestiones al emprender una negociación importante para la relación con nuestra pareja.

Importancia de la comunicación no verbal

Olvidamos con demasiada frecuencia que siempre comunicamos, aunque permanezcamos completamente en silencio.

La comunicación no verbal empezó a ser objeto de estudio en la década de 1950. Hoy sabemos que es *más sincera* que la comunicación verbal, y que la sintonía entre ambas hace más o menos creíble el mensaje que se emite. Más del cincuenta por ciento de nuestra credibilidad descansa sobre ella.

Recordemos que la mirada, elemento no verbal de vital importancia, desempeña un papel aún más destacado en la comunicación de la pareja:

- El parpadeo rápido revela nerviosismo o sorpresa; el lento busca concentrarse o denota cansancio.

> *Quien no entiende una mirada*
> *tampoco entenderá mil palabras.*

- Los ojos que miran hacia arriba imploran ayuda para soportar lo que se oye, o buscan razonamientos.
- La mirada que se dirige al suelo transmite desacuerdo o sometimiento.
- Los ojos que miran hacia los lados buscan una salida por la que huir. La persona que conversa no desea continuar la comunicación en ese momento y quiere encontrar una escapatoria para demorarla.
- La mirada que busca la del interlocutor muestra interés, pero también puede significar reto, o albergar dudas sobre lo que se está oyendo.
- Mirar en dirección distinta a los ojos de la pareja significa desacuerdo, desinterés o poca sinceridad.
- Los ojos que se esconden tras unas gafas de sol quizás quieren también ocultar otras cosas.
- Por último, una mirada puede reflejar dulzura, cariño, respeto, simpatía, amor…, pero también odio, desprecio o asco.

Pero no se trata solo de la mirada, sino también de la posición del cuerpo, los brazos y las manos, del tipo de respiración, del temblor de las manos o de la voz, de los movimientos pausados o nerviosos…; todo ello puede mostrar agrado u hostilidad, acercamiento o defensa, respeto o indiferencia.

De la concordancia entre lo que decimos y lo que expresa nuestro cuerpo depende la credibilidad de nuestro discurso:

– Si la disposición global del cuerpo es relajada y los brazos y las manos se hallan extendidos, la comunicación es abierta y nuestra pareja está receptiva.

Una mirada puede reflejar dulzura, cariño y respeto,
pero también odio y desprecio.

- Si, por el contrario, el cuerpo esta contraído y tenso; los brazos o las piernas, cruzados, y los puños se mantienen cerrados o los dedos, entrelazados, la persona ofrece resistencia a la comunicación.

- La cabeza inclinada hacia un lado denota atención. Si lo está hacia atrás, debe interpretarse como una muestra de cansancio o bien de reflexión; hacia abajo, puede denotar introspección, rechazo o sometimiento. Aguantarse la cabeza con la mano es señal de aburrimiento o cansancio.

- Asentir lentamente con la cabeza denota atención; negar con ella despacio, duda o rechazo. Los mismos movimientos efectuados rápidamente indican que la decisión ya ha sido tomada y que nuestra pareja quiere zanjar la conversación.

- Determinadas señales manifiestan nerviosismo y dan a entender que no es el mejor momento para comunicar aquello que queremos. Por ejemplo, frotarse las manos con frecuencia, mesarse los cabellos, rascarse o moverse demasiado.

- La mano que tapa la nariz está «oliendo» los problemas. A la que tapa la boca no le gusta lo que oye, o no lo cree.

- El dedo índice, al señalar con él, actúa como si empuñáramos una pistola, o dos, si utilizamos ambos dedos.

- La persona que con el índice separa el cuello de la camisa, o que afloja un botón, está pidiendo aire en una conversación que la «ahoga».

- Cubrirse los ojos con las manos, o frotarlos repetidamente, significa que no se quiere ver lo que se está viendo, o que no se puede creer en ello.

– Escuchar con atención y sin interrumpir es básico para que nuestra pareja verbalice todo aquello que quiere decirnos.

Insistimos en que, más que todos estos detalles que relatamos, lo que debe valorarse es su reiteración y su tendencia. Como apunta Mehrabian, creer o dudar de lo que oímos no depende de un único factor, sino de la sintonía de la comunicación verbal, en su contenido, tono y forma de pronunciarse, y su congruencia con la comunicación no verbal.

Otras barreras de la comunicación

Existen también otras barreras de la comunicación que debemos tener en cuenta cuando tratamos con nuestra pareja:

– La no aceptación. Sencillamente, porque nuestra pareja piensa que el lugar o el momento no es el adecuado para abordar determinado asunto.
– Utilizar técnicas maniqueístas, de «estar conmigo» o «contra mí», cuando siempre existen muchos tonos grises o caminos intermedios.

> *No gana quien tiene más razón,*
> *sino quien comunica mejor.*

- Querer alcanzar acuerdos demasiado deprisa, sin dar suficiente tiempo de reflexión a la pareja.
- Partir de principios fatalistas, por los que creemos que no merece la pena intentar comunicar de nuevo determinada idea.
- Detectar signos de nerviosismo en nuestra pareja que hacen aconsejable demorar la comunicación, etc.

Señales de peligro

John M. Gottman, profesor de psicología de la Universidad de Washington, ha estudiado durante años qué actitudes de las parejas apuntan a una separación. Las sintetizamos en los siguientes puntos, que sin duda no se hallan exentos de lógica:

- Las conversaciones agradables y fluidas de los buenos tiempos desaparecen o disminuyen, y se vuelven más tensas y desagradables.
- Se discute más y repetidamente sobre los mismos o parecidos temas, sin llegar a consenso alguno.
- La pareja se cansa de las discusiones recurrentes que desembocan en los mismos resultados. Como consecuencia de ello, las conversaciones devienen aburridas y previsibles («como ya sé qué me vas a contestar, no merece la pena siquiera plantearlo»).
- Disminuye el tiempo compartido. Poco a poco, toda excusa es válida: trabajo, amigos, aficiones, deportes, hijos, ocios separados, etc.

- Las ocasionales pérdidas de respeto que, al principio, tenían lugar en privado pasan a ser públicas, cada vez con más frecuencia.
- Se entra en una fase de indiferencia más peligrosa todavía que las discusiones y los reproches, pues significa que la relación se está dando ya por perdida.

Atención a determinadas fechas

La separación, o el deterioro serio de una relación, es más probable que suceda en determinadas fechas.

Se ha demostrado que un tercio de las separaciones se producen durante las vacaciones de verano o de navidades, fechas ambas *con altas expectativas de pasarlo bien* después de un año de acumular trabajos y tensiones. Si estas no se cumplen, pueden convertirse en la espoleta que pone fin al conflicto.

Además, en tales fechas, el tiempo de convivencia con la pareja es mayor, a lo que se suman otros elementos indirectos como los comentarios u opiniones de amigos, familiares, etc., a menudo no solicitados.

Técnicas de resolución de conflictos. Suma cero *versus* suma no cero

Todas las parejas deberían conocer determinadas técnicas que se utilizan, entre otros, en el mundo empresarial, laboral, político o económico, y que ofrecen buenos resultados para controlar y reconducir las emociones negativas. Se trata de técnicas que parten de premisas más justas o menos contaminadas emocionalmente. Hay que saber, por ejemplo, que los conflictos se desarrollan en determinadas fases:

- *Malestar.* Aparece en las primeras etapas del conflicto, y puede deberse simplemente a malentendidos entre la pareja. Ofrecer una disculpa o interesarnos por el malestar que detectamos en el otro y tratar de solventarlo ayuda a eliminar o disminuir las tensiones.

- *Sorpresa, incidente o choque.* Ocurre algo que nos sorprende intensa y desagradablemente; se nos revela un aspecto que desconocíamos en la pareja, o que no esperábamos de ella. Los casos pueden ser muy diversos: falta de apoyo en una cuestión importante, descubrimiento de factores que lesionan la imagen que teníamos de nuestra pareja o lo que esperábamos de ella (desconsideraciones públicas, amistades «peligrosas», acciones o decisiones sin pedir nuestra opinión, etc.).

- *Desacuerdos generalizados.* Si las dos primeras fases no se resuelven satisfactoriamente, entramos en una dinámica en la que los desacuerdos son cada vez más frecuentes, con respecto tanto a cuestiones que consideramos importantes como a las que son intrascendentes.

- *Crecimiento del malestar.* Tiene lugar por un motivo cualquiera que en las fases anteriores habría sido entendido como banal, pero que en el estadio actual nos resulta intolerable.

- *Crisis total.* La culminación del conflicto se traduce en una situación insostenible para ambos miembros de la pareja que puede conducir a la ruptura.

En las dos últimas fases, el problema está ya tan enquistado que difícilmente puede resolverse. Lo único a lo que podemos aspirar es a herirnos lo mínimo posible mutuamente. Las técnicas que detallamos a continuación resultan útiles, principalmente, en las tres primeras fases, cuando todavía es posible encontrar una solución.

Distintos enfoques de resolución de conflictos

Una vez declarado el conflicto, debemos saber que existen tres posturas teóricas para resolverlo:

- *Yo gano, él/ella pierde.* Dado que estamos convencidos de nuestra razón y de nuestra fuerza, no estamos dispuestos a escuchar ni a ceder en ningún punto. El esquema es claro: en él, la otra persona no merece ninguna consideración ni cesión de ningún tipo.

- *Él/ella gana, yo pierdo.* Por distintos motivos (podemos sentirnos totalmente culpables, o no queremos volver a discutir con nuestra pareja), buscamos una solución rapidísima, y aceptaremos cualquier trato que se nos proponga, sin negociaciones.

- *Colaboración.* Las dos posturas anteriores también se denominan *negociaciones de suma cero,* pues una de las partes del conflicto gana y la otra pierde.

  Pero existe otra vía. Gideon Rachman (afamado periodista británico), entre otros, aporta una nueva forma de entender la resolución de conflictos: el mundo de suma no cero, en el que ambos componentes del conflicto ganan algo.

Para emplear la técnica colaborativa, que es la más racional y civilizada, es preciso partir de determinados supuestos:

- *Tener claro aquello que queremos y concretar nuestros objetivos.* Esto significa que, previamente, nos hemos tomado el tiempo necesario para analizar qué es lo que realmente queremos, y hemos valorado con calma los pros y los contras de seguir unidos o separados.

- *Saber qué pretende la otra parte.* Para ello, habremos tenido que reunirnos y hablar largo y tendido para saber qué nos propone.

  En este punto se aplican los recursos descritos anteriormente a propósito de la comunicación en la pareja:

Si aprendemos a negociar en cada pequeña discusión,
lo haremos también en las más importantes.

- Recordar que la intensidad, el tono y el timbre que utilicemos en los tres primeros minutos de la conversación serán probablemente los mismos con los que esta finalice.

- No gana el que tiene más razones, sino el que las comunica mejor.

- Escuchar sin interrumpir es la mejor manera de conocer qué quiere la otra parte.

- Siempre ayuda separar a la persona del conflicto. Si nos dejamos llevar por el odio o el resentimiento por lo ocurrido en el pasado, personalizamos las culpas en el otro, recordamos agravios anteriores o anticipamos incumplimientos futuros…, resulta más difícil alcanzar un acuerdo.

- Negociar significa ceder en parte. En cada discusión, por nimia que esta sea, existen variantes en las que ambas personas pueden obtener una porción de victoria (cultura de suma no cero). Debemos aprender a preparar más de una solución teórica para cada problema, creando alternativas y buscando compromisos comunes; asumir que los dos tenemos una parte de razón y que debemos hallar puntos de acuerdo antes de que terceras personas (abogados, jueces, etc.) los encuentren y decidan por nosotros.

Si aprendemos a negociar en cada pequeña discusión, lo haremos también en las más importantes.

> *¿Tu verdad? No, la Verdad,*
> *y ven conmigo a buscarla.*
> *La tuya, guárdatela.*
>
> ANTONIO MACHADO
> *Proverbios y cantares*

Así opina también Machado, que nos insta a abandonar por un momento nuestro punto de vista y a buscar juntos la Verdad, con mayúscula; es decir, el punto en el que ambos podamos encontrarnos.

La violencia: la peor solución

El sabio consejo de Epicteto, creador de la filosofía estoica («Solo puedes controlar tu respuesta»), nos alerta sobre la imposibilidad de dominar aquello que no depende de nosotros; por ejemplo, las actitudes, acciones y respuestas de nuestra pareja.

Desde su tiempo hasta hoy, los casos de violencia de género se han sucedido día tras día en las columnas de los diarios y en todos los demás medios. Recordemos a un periodista del diario *El Mundo,* al que nos referiremos como S. S., que en una de sus columnas de principios de 2011 intentó ponerse en la piel de un joven que había asesinado a su novia. Trató

> *Solo puedes controlar tu respuesta.*
>
> EPICTETO
> Filósofo griego (s. II d. C.)

de entender la desesperación sufrida por «un chico normal» al recibir bruscamente por parte de su pareja la noticia de que ella lo abandonaba y de que, además, el hijo que esperaban no era suyo.

Su reacción consistió en estrangularla y mostrar su cadáver por videoconferencia a su propio padre.

Este es un ejemplo extremo de noticia inesperada y harto desagradable. Pero en ningún caso, y menos en un medio público, debería justificarse la violencia personal de ningún tipo, ni su comprensión, y menos aún al tratarse de un asesinato.

El artículo, evidentemente, fue retirado al poco tiempo del sitio web del periódico y su director expresó formalmente sus disculpas.

Nuestra responsabilidad social debe llevarnos a tratar de detectar rasgos comunes en los varones que cometen tales actos y plantearnos una labor de prevención. Sabemos que hay ciertos patrones de conducta y ciclos en los que se desarrolla la violencia. Permanecer alerta a las señales es deber de todas y todos.

Capítulo 6

¿Podemos predecir si una persona será más violenta que otra?

En páginas anteriores hemos expuesto que, si bien no todos los varones son violentos, lo cierto es que en la violencia en el seno de la pareja hay un claro predominio masculino. ¿Existe alguna explicación razonable que justifique que sea el varón y no la fémina quien ejerza la violencia?

Veamos, en este sentido, las principales diferencias entre mujeres y hombres.

¿Qué hace al varón más violento que la fémina?

En la especie humana, el sexo se distingue, genéticamente, por la presencia del cromosoma Y en el varón, que marca la diferencia en el par de cromosomas sexuales: XX en la mujer y XY en el varón.

Estas características cromosómicas y genéticas son las responsables, entre otras, de las diferencias en los órganos sexuales del varón y la mujer, de las diferencias hormonales y del predominio de los andrógenos u hormonas sexuales masculinas en los varones y de los estrógenos u hormonas sexuales femeninas en las mujeres, que a la vez lo son de los caracteres sexuales secundarios (barba, vello, distribución de la grasa corporal, masa muscular, fuerza, etc.). En los testículos y en los ovarios es donde, fundamentalmente, se forman la testosterona (en los varones), y los estrógenos y la progesterona (en las mujeres).

A partir de la octava semana de gestación comienzan a formarse las estructuras de los circuitos cerebrales masculinos. Por ejemplo, en el hipotálamo del varón, la zona de «persecución sexual» crece 2,5 veces más que en el cerebro femenino.

La carga androgénica favorece que los recién nacidos de sexo masculino sean más impulsivos, excitables emocionalmente y difíciles de tranquilizar que las niñas, y que desde la infancia los hombres emprendan un camino distinto al de las mujeres en el que existe mayor impulsividad y violencia.

Entre los nueve y los quince años, los niveles de testosterona del varón aumentan el 250%. Estos cambios hormonales son los más significativos y probablemente sienten las bases de la agresividad.

Diferencias entre el cerebro del hombre y el de la mujer

Uno de los hallazgos más sorprendentes de los últimos tiempos es el hecho de que la vida comienza con un «cerebro femenino» tanto en el hombre como en la mujer. No es hasta a partir de la octava semana de gestación cuando, en el caso del varón, aparecen unos minúsculos testículos que empiezan a segregar enormes cantidades de testosterona que conformarán el cerebro masculino.

Pese a ello, debemos aceptar que hombres y mujeres partimos de cerebros distintos, que actúan de manera distinta, y que estas diferencias se manifiestan ya en la fase embrionaria.

Aproximadamente a partir del segundo mes de gestación, existen unos picos hormonales (de testosterona en los varones y de estrógenos en las hembras) que se repiten a partir de la pubertad (hacia los nueve años) y se mantienen hasta la andropausia del varón y la menopausia de la mujer (alrededor de los cincuenta años), momento en que los niveles hormonales descienden.

Los picos hormonales que aparecen en la pubertad son los causantes de las diferencias morfológicas (caracteres sexuales secundarios) de hombres y mujeres (senos, vello corporal, barba, tono de voz, etc.). Pero, probablemente, el pico que aparece en

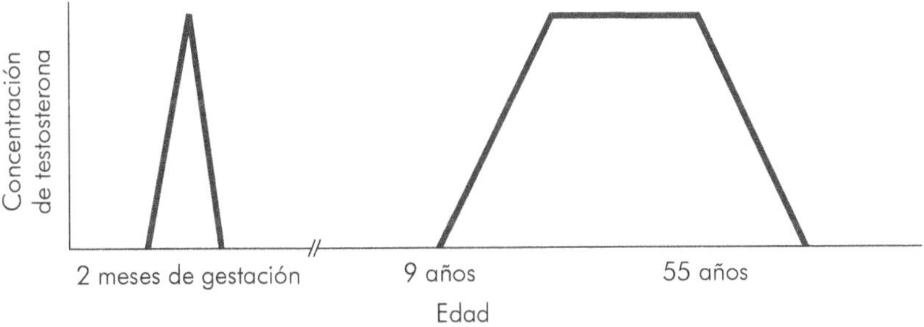

Gráfico 4. Representación de los niveles aproximados de testosterona en el varón a lo largo de su vida.

las primeras semanas de gestación (de testosterona o de estrógenos) condiciona la evolución de un cerebro distinto, con maneras diferentes de pensar y comportarse. Según una investigación del California Institute of Technology (Estados Unidos), publicado en *Nature* el 10 de febrero de 2011, el sexo y la agresividad radican en zonas próximas del cerebro: el núcleo ventromedial y ventrolateral del hipotálamo, respectivamente.

Sin embargo, ni la dotación genética ni los cambios hormonales pueden explicar, por sí solos, los distintos comportamientos de hombres y mujeres.

Hoy sabemos que tan importante como estos factores genéticos y hormonales es el entorno que rodea a cada persona desde el momento de su nacimiento, y aun antes de este. Dichas circunstancias, que comprenden las condiciones de agresividad, gritos, amor, miedos, alimentación, educación, cultura, etc., modelan y dan forma no solo al cuerpo, sino también al encéfalo y a su funcionamiento: la mente.

¿Puede considerarse la violencia extrema una enfermedad?

Parece claro que una persona capaz de perpetrar acciones de violencia extrema debe padecer algún trastorno mental permanente o transitorio; sin embargo, la mayoría de los varones que han cometido acciones violentas no estaban anteriormente, ni en general tampoco después, considerados portadores de ningún tipo de psicopatía o trastorno mental.

¿A qué nos referimos cuando hablamos de trastorno mental?

Sin intención de describir minuciosa y detalladamente las principales enfermedades mentales, intentaremos exponer las alteraciones más frecuentes y sus características valorando su posible relación con la violencia.

Trastornos por ansiedad y miedo

Son trastornos muy frecuentes, caracterizados por la presencia de un temor excesivo a hechos o situaciones bien conocidos (miedo) o indeterminados (ansiedad).

Su persistencia durante largos periodos provoca malestar o alteraciones en la vida de la persona, que pueden acompañarse de síntomas físicos que afectan al corazón, al aparato digestivo, respiratorio, etc., o mentales.

Hablamos de *fobias* cuando aparece un miedo irracional a determinadas situaciones, y de *fobia específica* cuando el desencadenante es conocido: animales (ratas, perros, arañas…) o circunstancias ambientales (rayos, truenos, tormentas…) o situacionales (aviones, metros, ascensores…).

En ocasiones, se acompañan de *crisis de angustia,* en las que el temor o el malestar es muy intenso y aparece de manera brusca, sin un desencadenante claro.

El *estrés postraumático* aparece en algunas personas que han estado sometidas o expuestas a un acontecimiento desagradable (accidente, muerte violenta, robo, violaciones, agresiones, etc.), el cual es reexperimentado de manera persistente mediante recuerdos que provocan malestar y reviven los sentimientos físicos y mentales que se produjeron en el momento del trauma.

Depresión

Es una de las alteraciones psicológicas más frecuentes. Entre el trastorno depresivo mayor y los trastornos distímicos, afecta aproximadamente al diez por ciento de la población. Se manifiesta en forma de cansancio, falta de apetito, apatía, insomnio, irritabilidad y pocas o ninguna gana de enfrentarse a los problemas del día a día, situación que puede llevar incluso al suicidio.

Trastorno bipolar o maníaco-depresivo

La persona afectada presenta una alteración de sus emociones y afectos, que se hacen repetitivos y cíclicos, en forma de:

- *Manía.* Fase en la que la persona se siente todopoderosa, está de muy buen humor y bromea sobre todo, pero que transcurre sin que esta se dé cuenta, parecida a un estado de embriaguez. Nada es imposible para ella. Quienes la rodean han de «sucumbir» a su personalidad e inteligencia, y si se le niega algo se transforma en una persona irritable, agresiva y peligrosa.

- *Depresión.* Terminada la fase maníaca, el enfermo no muestra interés por nada ni nadie, se siente frustrado, falto de ilusión e inútil, y le asaltan pensamientos de muerte y suicidio.

Trastornos por consumo de drogas y sustancias psicoactivas

Muchas de las personas que consumen drogas pretenden escapar de una realidad que no les satisface. Pueden perder el control por abusar o abstenerse de determinadas sustancias adictivas (alcohol, tabaco, cocaína, LSD, anfetaminas y derivados, mezcalina, marihuana, opiáceos, etc.) con mayor o menor intensidad en función de la droga; padecer síntomas físicos (temblores, hipertensión, ansiedad, dolores musculares, somnolencia, náuseas y vómitos, calambres, etc.), o alteraciones de la realidad (alucinaciones, delirios, ansiedad, depresión, agresividad, etc.).

Trastornos del control de los impulsos

Todos hemos perdido el control de nuestras emociones alguna vez, pero hay quienes lo hacen de forma constante, crónica y repetitiva.

Sin duda, la pérdida del control de los impulsos en momentos de máxima excitación o estrés es una de las características

> *Quien esté libre de pecado que tire la primera piedra.*

que mejor definen a los violentos, por lo que intentaremos ahondar en sus raíces.

La característica esencial de los trastornos del control de los impulsos es la dificultad para resistir una pasión o una tentación de llevar a cabo un acto que, ya de antemano, sabemos que es perjudicial para nosotros o para los demás. En función del tipo de impulso distinguimos entre:

- *Ludopatía o juego patológico.* El trastorno incontrolable conduce a la persona hacia el juego, aun a sabiendas del daño que le produce. Busca una recompensa que la libere de su ansiedad. Suele acarrear muchos problemas y puede propiciar que el individuo trate de solucionarlos en casa mediante la violencia.

- La *cleptomanía* provoca un fuerte impulso hacia el robo, sin importar el valor o la utilidad de lo robado. El hecho es placentero en sí mismo, aunque esta satisfacción sea efímera y vaya seguida de remordimientos.

- En la *piromanía,* el placer se logra incendiando determinado territorio, sin buscar otro «beneficio» que la imagen y el dolor ajeno que causa.

La ludopatía es un trastorno del control de los impulsos que, indirectamente, puede propiciar la violencia de género.

- La *tricotilomanía* consiste en encontrar placer al arrancarse el propio cabello. La pulsión del enfermo es superior a las lesiones que se inflige.

- *En forma de violencia.* Las pérdidas de control son también causa de distintas formas de manifestación de violencia, dentro y fuera de la pareja.

Trastornos de la personalidad

Suelen tener su origen en problemas cuyas causas no son del todo conocidas, aunque se acepta que existen factores genéticos, ambientales, culturales, biológicos y sociales (preocupaciones y emociones pasadas), así como causas relacionadas con maltratos, violaciones, miedos, ansiedades, recuerdos displicentes, etc., sufridos generalmente en los primeros años de la infancia.

No se consideran enfermedades mentales y no suelen diagnosticarse hasta la edad adulta, o no se detectan nunca, pues la persona acepta que dichos rasgos forman parte de su carácter y no siente que sufra ninguna enfermedad, por lo que no busca su curación o control.

Estos trastornos siempre crean problemas y perjuicios a quien los padece, y sobre todo a quienes los soportan, ya que se trata de pautas duraderas condicionadas por la forma anómala de percibir la cotidianidad que se hacen patentes en una amplia gama de contextos personales y sociales.

Se han descrito hasta once trastornos de la personalidad:

1. *Trastorno límite.* Las personas que lo padecen se apartan de la conducta que debería esperarse de alguien de su educación y nivel cultural. Son inestables, inmaduras, desconfiadas, agresivas, recelosas, irritables y ansiosas, su autoestima es baja y tienen dificultades para controlar sus impulsos, que se manifiestan por episodios frecuentes de ira, amenazas y peleas.

   Toleran mal el abandono real o imaginario con un patrón de relaciones personales intensas e inestables, y profieren amenazas que incluyen el intento de suicidio. Son personas infelices que pueden hacer desgraciados a los demás.

2. *Paranoide.* Son personas celosas. Se caracterizan por una desconfianza y una suspicacia extremas. Desconfían de todo y de todos, lo que las vuelve más agresivas e inestables.

3. *Esquizoide.* Son personas extravagantes que entablan pocas relaciones sociales por su frialdad y distancia emocional.

4. *Esquizotípico.* Las personas afectadas pueden tener ideas *quasi* delirantes y conductas extrañas y peculiares. Viven sus extrañezas solas o con pocos amigos. También pueden ser agresivas si se sienten contrariadas.

5. *Antisocial.* Estos individuos presentan comportamientos desafiantes hacia otras personas o hacia las autoridades.

Siguen un patrón de indiferencia y violencia contra los derechos de los demás. Son fanfarrones, insultan, amenazan e intimidan, con frecuencia inician peleas y ejercen violencia contra las personas, los animales y las cosas.

Incapaces de planear el futuro, toman las decisiones en función de los estímulos del momento. Son también fácilmente irritables y agresivos.

6. *Histriónico.* Su grado de emotividad es excesivo, y busca siempre el apoyo, la alabanza, la aprobación y la atención de los demás. Cuando no lo consigue, se transforma en irritable y agresivo.

7. *Narcisista.* Se caracteriza por la hipervaloración de uno mismo. La persona es soberbia, envidiosa, arrogante y pretenciosa. Necesita la admiración de todos, y cuando no la consigue se muestra violenta.

8. *Evitativo.* La persona evitativa se caracteriza por su temor a ser rechazada, lo cual poco a poco la conduce al aislamiento. Tiene miedo a no dar la talla y a que sus defectos, reales o imaginarios, se pongan en evidencia.

No se siente compensada, ni inteligente, ni atractiva, ni un largo etcétera. En el fondo, muchos de estos individuos tienen miedo a ser abandonados, por lo que pueden imponer sus condiciones a la fuerza.

9. *Dependiente.* En este trastorno, la persona experimenta una gran necesidad de los demás y necesita que se ocupen de ella; si no lo consigue, se muestra agresiva.

10. *Personalidad explosiva intermitente.* Las explosiones de violencia son inesperadas para la persona afectada y para todas aquellas que la rodean. Se producen de manera secuencial, y en su transcurso pierde totalmente el control y se torna violenta y agresiva.

    El grado de violencia y agresividad no guarda relación con el hecho desencadenante. Los ataques van precedidos de una sensación de tensión o activación interior que puede aparecer en personas «normales», o como un efecto secundario de drogas y otras sustancias, o como consecuencia de una personalidad antisocial, esquizofrénica o bipolar.

11. *Obsesivo-compulsivo.* Se caracteriza por una obsesión y preocupación por el orden y la perfección. Los trabajos no se finalizan porque nunca están suficientemente bien hechos.

    La obsesión de la persona por hacer las cosas de la forma «correcta» (es decir, la suya) la puede volver agresiva si se le discute su afán de «perfección».

La mayoría de los trastornos de la personalidad pueden manifestarse con agresividad, sobre todo en circunstancias dominadas por el miedo y el estrés.

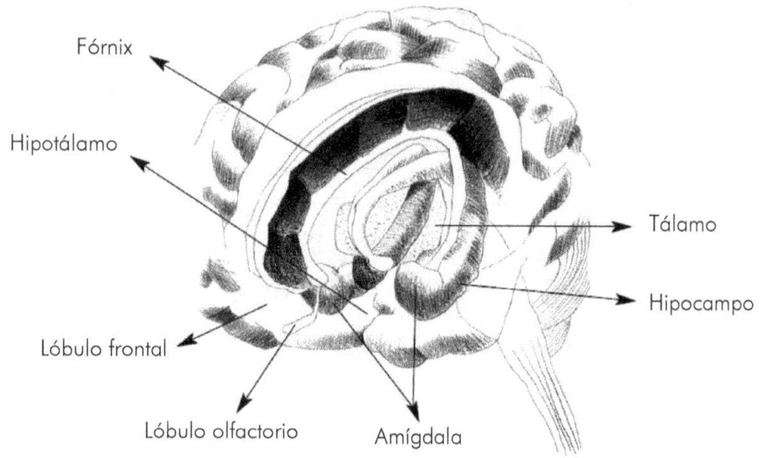

Las personas agresivas tienen conexiones diferentes en los circuitos de los axones neuronales entre el tálamo o la amígdala y el lóbulo frontal.

Actualmente, sabemos que el control de nuestros impulsos, miedos y ansiedades nace de una compleja trama de conexiones situadas entre el tálamo, la amígdala y el córtex prefrontal en la que, en determinadas personalidades, la amígdala responde de manera autónoma y preponderante anticipándose a la reacción más razonada y coherente del lóbulo frontal.

Estos circuitos están organizados de manera distinta en cada persona, de acuerdo con su genética, su educación y su cultura, factores que hacen a unos individuos más emocionales y violentos que otros, o más racionales y con respuestas emocionales más tardías.

Daniel J. Siegel explica en su libro *La mente en desarrollo* cómo las personas reaccionan de una manera más emocional o razonada en función de su «ventana emocional». Según esta teoría, las personas muy emotivas sufren con frecuencia un «golpe de estado emocional», llamado así porque la amígdala reacciona sin esperar la respuesta moderadora del lóbulo frontal. En cambio, quienes poseen mayor control de sus impulsos tienen una respuesta más meditada por el córtex frontal.

Siegel explica que los primeros años de vida son esenciales en la creación de estas conexiones entre el tálamo o la amígdala y el neocórtex del lóbulo frontal. De este modo, los niños que han sufrido mayores problemas relacionados con el miedo, el estrés o el malestar emocional presentan conexiones que interpretan con más frecuencia situaciones catalogadas como peligrosas, y utilizan el «atajo emocional», es decir, la vía de la amígdala, frente a estímulos que otras personas interpretan como normales porque utilizan las conexiones con el lóbulo frontal.

Trastornos psicóticos

Las personas afectadas son portadoras de enfermedades como la esquizofrenia o la paranoia, que cursan con fuertes alteraciones del comportamiento:

- *Ideas delirantes.* Se sienten perseguidas por todo y por todos: familiares, amigos, conocidos, desconocidos, prensa, etc.

- *Alucinaciones.* Perciben estímulos que los demás no notan: voces, imágenes, música…

- *Conducta desorganizada y caótica.* En la forma de vestir y de actuar, presentan una actividad motora imparable o bien posturas inmovilistas (catatónicas).

- *Trastornos del pensamiento.* Padecen delirios y son personas poco estructuradas. Suelen perder el hilo de la conversación y pasar de un tema a otro sin control, lo cual dificulta las relaciones.

- *Aplanamiento afectivo.* Pueden dejar de hacer cosas, de hablar o de moverse, o mostrarse totalmente insensibles emocionalmente.

Las personas con trastornos psicóticos, por lo llamativo de sus síntomas, suelen estar diagnosticadas, por lo que es difícil que tengan una pareja estable y que cometan actos de violencia contra la misma.

Brotes psicóticos

Algunas personas sometidas a situaciones de gran estrés o al consumo de drogas sufren episodios psicóticos que pueden durar de unas horas a no más de un mes: alucinaciones, ideas delirantes, afectividad u odio injustificados, fabulación, desorientación, deterioro de la memoria reciente o incoherencia. La diferencia con respecto a los enfermos que padecen una psicosis crónica es que los primeros se recuperan totalmente después del brote psicótico.

Psicopatías

La violencia no siempre se produce en caliente, sino que en muchas ocasiones el acto se comete «con premeditación y alevosía». Así actúa el psicópata (aunque no siempre es violento).

Se considera que el 1 % de una población normal es psicópata, porcentaje que coincide con el de esquizofrénicos y paranoicos.

La personalidad psicópata es fácil de definir, pero difícil de reconocer. Los individuos psicópatas no tienen conciencia de su condición. En general, son grandes manipuladores y mentirosos, inteligentes, encantadores e ingeniosos, por lo que pueden engañar a numerosas personas y durante mucho tiempo.

Lo que mejor los define es su incapacidad para ponerse en el lugar del otro y percibir su sufrimiento. Carecen de empatía y de compasión, y no tienen remordimientos por el mal que hacen a los demás, ya que no se sienten culpables de ello.

Robert D. Hare, en su libro *Sin conciencia,*[5] describe cómo detectar al psicópata mediante un cuestionario de veinte preguntas que valora entre 0 y 2 (véase la tabla 4). Una puntuación superior a 30 revela una personalidad de este tipo.

Hoy sabemos que las personas psicópatas tienen un funcionamiento cerebral distinto. Los estudios de neuroimagen, avalados por las técnicas más modernas (resonancia magnética y *spect),* ponen de manifiesto que su amígdala (órgano relacio-

---

[5] Robert D. Hare, *Sin conciencia,* Paidós Ibérica, Barcelona, 2009.

	Valor entre 0 y 2
1. Hablador y extrovertido	
2. Poseedor de un encanto «superficial»	
3. Soberbio	
4. Mentiroso	
5. Con afán de liderazgo	
6. Manipulador	
7. Sin remordimientos por sus acciones inadecuadas	
8. Con afectos cambiantes	
9. Carácter inestable	
10. Sin empatía	
11. Con pocos amigos «antiguos o duraderos»	
12. Vida «parásita»	
13. No estima realmente a sus amigos	
14. Tendencia al aburrimiento	
15. Reacciones poco meditadas	
16. Desmemoriado	
17. Con proyectos irreales	
18. Decisiones irresponsables	
19. Impulsivo	
20. Con antecedentes de problemas con la ley	

Tabla 4. Características de la personalidad del psicópata.
Una puntuación superior a 30 la confirma.

> *En un mundo utópico, en el que todos se respetaran,*
> *el psicópata sobresaldría. No es el caso de nuestro*
> *mundo, en el que puede pasar desapercibido.*
>
> ROBERT D. HARE
> Psicólogo canadiense, investigador en psicología criminal

nado con la violencia) tiene un peso el 17 % inferior a la media y posee menores conexiones con el lóbulo frontal, razón por la cual su concepto de moralidad es distinto.

Así, se acepta que pertenecen a un grupo especial de personas violentas (pueden no serlo) a quienes no afecta el estrés o la falta de control emocional, sino todo lo contrario: pueden agredir al prójimo de manera fría y calculada. A este colectivo pertenecen los asesinos, en especial aquellos capaces de cometer crímenes en serie.

Conclusiones sobre los trastornos mentales

Tras revisar el perfil de las alteraciones mentales más frecuentes, comprendemos por qué la mayoría de los varones que cometen actos de violencia de género no se consideran enfermos mentales. La causa de ello es que los principales trastornos que pueden cursar con violencia y agresividad no están filiados, ya que:

- *Los psicópatas y los varones con trastornos de la personalidad o del control de los impulsos* no son conscientes de sus limitaciones, y no suelen buscar tratamiento para ellas, por lo que no acostumbran a estar diagnosticados ni tratados.

- *Los psicóticos* sí suelen estar diagnosticados, y en general no conviven en pareja, lo que los aleja de la posibilidad de cometer actos de violencia de género.

- *Los drogadictos.* La mayoría de las personas adictas a algún tipo de sustancia intentan ocultarlo a los demás, hasta que su evidencia las delata. Durante este tiempo, no es extraño que aparezca la violencia (en general o de género).

- *El estrés.* Suele aparecer con más intensidad en épocas de crisis. El estrés actúa como factor potenciador de cualquiera de los puntos mencionados.

Perfil psicológico del hombre maltratador

Con todo lo comentado hasta el momento, ¿es posible establecer un perfil del hombre maltratador que nos ayude a anticiparnos y a prevenir el maltrato y la violencia de género?

Sabemos que, en general, el objetivo final del maltratador no es la muerte de su pareja, sino el sometimiento a sus reglas, para lo cual utiliza todo tipo de violencia (verbal, no verbal, económica, psicológica, etc.); y que, cuando no lo considera suficiente, recurre a la agresión física.

Si bien, como ya se dijo, es probable que la mayoría de los maltratadores no hayan sido diagnosticados anteriormente desde un punto de vista psiquiátrico, sí pueden, en cambio, encajar en el perfil de alguno de los trastornos de la personalidad descritos (límite, esquizoide, esquizotípico, histriónico, narcisista, dependiente, etc.), o de psicopatías y brotes psicóticos, tanto con diagnóstico de trastorno psicótico como sin él.

También deben considerarse una serie de factores externos que han podido modelar la personalidad del maltratador a lo largo de su vida. Probablemente, el «aprendizaje» vivido en situaciones de violencia frecuente influye de manera decisiva. Nos referimos a:

- *Infancia complicada,* en la que pudo existir maltrato contra su persona en forma de miedos, estrés, violencia, falta de cuidados, descuidos en la alimentación, desprecios, violaciones y una interminable lista de agresiones desde los primeros días de vida.

- *Educación machista.* La educación paternalista y machista no es infrecuente, reflejo de un mundo en el que todavía pervive, mayoritariamente, el control de la mujer por parte del varón.

  Este tipo de «educación» se basa en que la mujer pertenece al marido y en que esta debe someterse a sus indica-

> *«Fredo, controla a tu mujer o lo haré yo.»*
> Diálogo de la película *El Padrino*

ciones y mandatos. En este sentido, el varón, además, es apoyado por la ley.

Hoy sabemos que muchos maltratadores fueron víctimas o testigos de maltrato en su infancia, y que partiendo de esa base reproducen décadas después sus propios episodios de violencia.

Los menores que conviven a diario con situaciones de violencia y maltrato contra sus madres en el hogar no son solo testigos, sino también víctimas directas de la violencia de género, y muchos de ellos pueden ser futuros maltratadores.

- *Separación de los padres antes de los dieciséis años.* La separación llega habitualmente precedida de numerosas discusiones y actos de violencia, al menos verbal, que son un banco de «aprendizaje» para los hijos.

- *Educación escolar difícil e insuficiente.* El fracaso escolar es más frecuente en los niños que soportan los antecedentes descritos anteriormente, o en aquellos con escaso apoyo de los padres en los primeros años, en los que se sientan las bases para las etapas de estudios posteriores. No obstante, esto no significa que los niños que no han padecido situaciones de estrés familiar en su infancia no puedan sufrir también fracaso escolar.

- *Historial personal de violencia juvenil y adulta.* Son frecuentes los antecedentes de disputas y peleas en la escuela, con los amigos, en los deportes que se practican, en el trabajo y demás espacios de la vida cotidiana, que pueden acompañarse de detenciones policiales o encarcelamientos.

Las drogas tienen el poder de alterar la percepción de una realidad que no gusta; sin embargo, estas sustancias no solucionan los problemas reales, sino que empeoran la situación.

- *Consumo de drogas.* Todas tienen el poder de alterar la percepción de una realidad que no gusta al consumidor; temporalmente, todo cambia, pero estas sustancias no solucionan los problemas reales, sino que empeoran la situación.

- *Impulsividad.* El varón maltratador está acostumbrado a lograr lo que quiere, inmediatamente, sin detenerse a pensar en las personas que lo rodean. Lo único que importa es él mismo. Con frecuencia, protagoniza episodios de enfados o ira contra su entorno.

  Esta impulsividad puede además degenerar en ludopatías, cleptomanías, adicciones y fracasos en todo aquello que precise tiempo (casi todo lo importante).

- *Largo historial de pérdidas laborales* fruto de la suma de las situaciones que vamos desgranando, y que dificultan la estabilidad de la persona, incluso en el ámbito laboral.

- *Baja autoestima.* En ocasiones, oculta en forma de autosuficiencia y falsa seguridad, se esconde en realidad una baja autoestima. El individuo se considera incapaz de continuar solo y la idea de sentirse abandonado le hace perder el control.

- *El sentido posesivo del amor. Mi* pareja, *mi* mujer, *mi* amor… son expresiones que el maltratador entiende, literalmente, en un sentido posesivo, y por tanto la mujer debe hacer aquello que él espera, más allá de lo que ella piense o quiera hacer realmente.

- *Los celos o la confirmación de infidelidades.* En el fondo, son ramificaciones de la posesión de la pareja, pues el varón no concibe que la mujer haga otra cosa que no sea cumplir sus deseos.

- *Incremento de los factores estresantes.* Como afirma Zygmunt Bauman,[6] vivimos en un mundo «líquido», en el que todo cambia a la velocidad de la luz. En este apartado se incluyen diversos aspectos interrelacionados: la crisis económica y el incremento del paro; la globalización, que fuerza a emigrar a una cantidad ingente de personas y a adaptarse a nuevas formas de vida, costumbres y culturas; el cambio de los papeles de las mujeres y los hombres de hoy; el alud de noticias desagradables «globalizadas», y un largo etcétera.

Estos factores, valorados individualmente, no tienen significación pronóstica —es decir, son insuficientes para determinar si un individuo debe ser considerado violento—; sin embargo, cuantos más de ellos se combinen, más aumentan las probabilidades de que, en efecto, lo sea. También es cierto que uno solo de ellos puede ser suficiente, en determinadas circunstancias, para que las emociones se descontrolen y aparezca la violencia, en distintos grados.

---

[6] Sociólogo, filósofo y ensayista polaco (1925), conocido por acuñar el término y desarrollar el concepto de la «modernidad líquida». Fue ganador del Premio Príncipe de Asturias de Comunicación y Humanidades en 2010.

No cabe duda de que la persona con tendencias coléricas puede perder con mayor frecuencia el control de sus actos, hasta el punto de padecer perturbaciones emocionales, y de que tiene más probabilidades de protagonizar episodios de violencia que aquella que gestiona mejor su ira.

En la base del problema subyace una forma agresiva de resolver los conflictos, en los que la persona tiene la sensación de perder algo que le es arrebatado por su pareja (autoestima, poder económico, control emotivo, ayuda, «amor», etc.).

En su aprendizaje vital, este tipo de personas han experimentado siempre de cerca la violencia, que con el tiempo ha ido moldeando su plasticidad cerebral en una determinada dirección; en este caso, hacia la agresividad y la iniquidad.

Otra clase de personalidad de varón violento, distinta a la descrita, es aquella que utiliza la violencia fuera de las situaciones de tensión extrema y lo hace fríamente. Es el caso, como ya hemos visto, del individuo psicópata, entendido como la persona incapaz de sentir y entender o empatizar con los demás.

Detrás de cada episodio de violencia de género y de cada muerte hay una historia distinta. No existe, pues, un único perfil de maltratador; no debemos buscar unos rasgos físicos determinados: no existen. Por este motivo, no es fácil establecer un patrón de riesgo, pero sí se pueden reunir en un mismo individuo varios de los factores citados.

Dado que no existe un perfil fácil de detectar, resulta difícil realizar un retrato robot del maltratador. Sin embargo, si alguien se identifica o es identificado con dos o más de estos factores, debería buscar la ayuda urgente de un profesional para que reorientara su actitud psicológica.

Perfil psicológico de la mujer maltratada

Puede parecer un poco duro, de entrada, intentar describir el perfil psicológico de la mujer violentada, como si en principio ella también fuera responsable de lo que le ocurre. Sin embargo; nuestra finalidad no es buscar culpables, sino soluciones.

Si algún factor común podemos destacar en las mujeres que sufren violencia de género es su propia minusvaloración, ya que, según datos del Observatorio Estatal de Violencia sobre la Mujer, el 25 % de las mujeres que denuncian por violencia de género ya han tenido problemas semejantes anteriormente. Más de un tercio de las mujeres asesinadas en la primera mitad del año 2010 habían sufrido maltrato durante más de dos décadas, y otro tanto cabe decir de las que murieron en 2011 y 2012.

Es importante considerar algunos de los antecedentes de las mujeres maltratadas, aquellos que las hacen prisioneras de ese ciclo; de este modo intentaremos comprender por qué muchas de ellas soportan la violencia durante años.

La mayoría de las mujeres rompen la relación que las une al tipo de varón que hemos descrito, pero entre el 20 y el 30 % de ellas no lo hacen.

Igual que los varones, muchas de ellas han experimentado situaciones de violencia. Aislados, estos antecedentes carecen de importancia en la cuestión que nos ocupa, pero la situación cambia cuando dos o más de estos factores se combinan. Veamos algunos de ellos:

- *Historia familiar de violencia* en un hogar en el que su madre ha sufrido, y ella ha visto maltrato por parte de su padre (biológico o no).

- *Historia de abusos en la infancia,* sexuales o no, que han dejado marcas indelebles en su personalidad, a veces sentido de la culpabilidad y dependencia.

- *Educación machista.* El padre era el poseedor del poder y dictaba lo que estaba permitido o no en la familia. Con ello se crean las bases de una convivencia futura de dependencia-sumisión a la pareja masculina.

- *Separación de los padres antes de los dieciséis años,* con procesos de violencia o desestructuración familiar.

- *Posibilidad de que haya sufrido fracaso escolar* y no haya conseguido cotas altas de educación y conocimientos que le permitan vivir como profesional independiente.

- *Consumo de drogas.* Principalmente, alcohol, aunque puede ser cualquier otra, como consecuencia de su desequilibrio emocional y de la no aceptación de su modo de vida y sus sensaciones.

La mujer violentada suele dar más de una oportunidad a su pareja.

- *Falta de independencia.* El sometimiento a la figura paterna se perpetúa en la del marido.

- *Rasgos compatibles con alguno de los trastornos de la personalidad,* especialmente el trastorno límite, el dependiente y el evitativo.

- *Adicciones.* Pueden asociarse a ludopatías o trastornos de la alimentación (obesidad extrema, anorexia o bulimia).

- *Baja autoestima* acumulada por las distintas fases y posibles fracasos de su vida. La mujer siente que vale poco, que no puede aspirar a nada, que no puede ser querida por nadie, que no se merece nada, etc.

- *Síndrome depresivo,* tratado o no con fármacos antidepresivos que mejoran el estado anímico y los síntomas, pero no la verdadera enfermedad, fruto de los aspectos anteriormente enumerados.

- *Dependencia afectiva de la pareja.* Tal dependencia puede ser psicológica, económica o emocional; la cuestión es que la mujer no es capaz de encontrar solución alguna fuera de ella.

- *Incremento de los factores estresantes.* Similares a los descritos en el varón, son factores que ayudan a cerrar aún más el estrecho círculo en el que se mueve.

Si alguna mujer se reconoce al leer estos rasgos, debe solicitar ayuda profesional cuanto antes.

El ciclo de la violencia

Gracias a rigurosos estudios sobre la violencia de género,[7] sabemos que las conductas violentas contra las mujeres aparecen ya al principio de la relación de pareja, aunque de manera velada, y se agravan a medida que pasa el tiempo. Se repite un patrón cíclico en la relación que hace más difícil que la mujer se separe de su agresor. En su deseo de salvar la relación, muchas incluso parecen «negar» la existencia del problema.

La antropóloga estadounidense Leonor Walker insiste en el punto de la reincidencia y describe la historia de la violencia de género en tres fases o momentos bien diferenciados:

1. **Acumulación de tensiones**

   Ante determinadas situaciones, el agresor reacciona de manera desproporcionada (se muestra hostil, insulta, recrimina…) y hace sentir a la mujer que ella es la culpable de todo lo que sucede. El varón acumula tensiones y la mujer *tolera* el conflicto para que la situación no empeore.

---

[7] Véanse L. Canntrell, 1986, y L. Walker, 1978, sobre el ciclo de la violencia y la mujer golpeada.

2. Estallido de la violencia

De manera incontrolada e impredecible, el varón descarga toda la tensión acumulada en la fase anterior. Él lo entiende como un castigo a la mujer por no haberse adaptado o sometido a su voluntad, por no haber hecho aquello que él quiere imponer. El abusador hace recaer en ella las culpas, en detalles cotidianos como: «Si hubieras hecho la comida a tiempo, no habría tenido que pegarte…».

3. Luna de miel o reconciliación

El abusador trata de manipular afectivamente a la mujer para recuperar su confianza. Se muestra arrepentido, cariñoso y considerado con ella, a veces incluso pide perdón y le promete que no volverá a suceder. Esto produce un resurgimiento de la relación amorosa, porque ella quiere creerle. Sin embargo, no es más que el final de un primer ciclo de violencia que volverá a producirse, cada vez con mayor intensidad, hasta que, *de una manera u otra,* alguien le ponga fin.

La teoría del ciclo de la violencia ayuda a explicar por qué hay mujeres que soportan tales situaciones durante tantos años. Por otra parte, entender cómo piensa el abusador es lo que ayuda a las mujeres sobrevivientes a darse cuenta de que no son culpables de la violencia que se ejerce sobre ellas, y de que el único responsable es el maltratador.

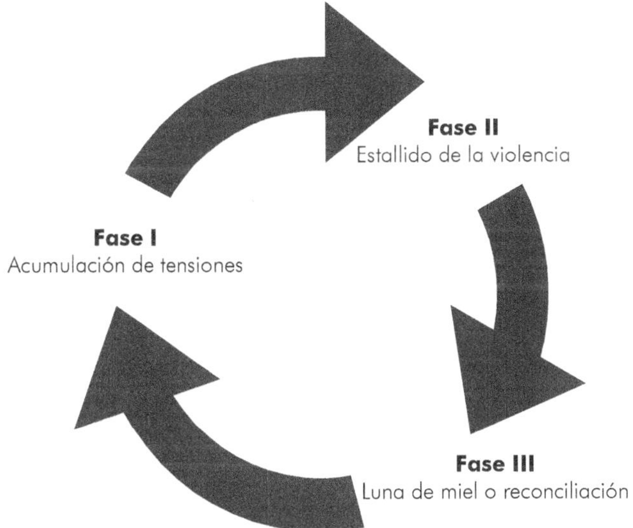

Gráfico 5. Fases que componen el ciclo de la violencia.

Conclusiones

La historia personal del violento y la de la mujer maltratada pueden tener muchos rasgos en común (deficiencias en la educación, vejaciones, maltrato, violaciones, violencia vivida y sufrida, drogas, adicciones, baja autoestima, dependencia, inseguridad, miedos, etc.). Esto los hace complementarios en muchos puntos, y es ahí donde pueden sentarse en ocasiones las bases de su enamoramiento, que acontece en un determinado momento de sus vidas, facilitado por los puntos «culturales» comunes.

El equilibrio de la pareja se empieza a romper cuando el déspota machista incrementa progresivamente las condiciones y exigencias de su relación, o cuando la oprimida intenta tomarse mayor libertad de la «permitida».

Cuando esto ocurre, y de no producirse cambios sustanciales en las posturas de ambos, la ruptura está anunciada. Lo que nadie sabe es cómo puede terminar la historia; las alternativas son escasas y poco halagüeñas, y, de entre todas, la peor forma posible es el asesinato.

La violencia nunca debe ser tolerada, pues sienta las bases de un nuevo episodio más intenso en el que el agresor exigirá mayor sumisión.

La ley debe proteger a la mujer en todos los aspectos, pero ella también ha de ser consciente de los factores que determinan su sometimiento e intentar anticiparse a ellos.

Epílogo

En los capítulos anteriores hemos recogido una serie de cifras, datos y razonamientos que nos permiten sintetizar distintos aspectos del problema de la violencia de género, así como sus posibles soluciones.

La Ley contra la Violencia de Género

Las alarmantes cifras de mujeres maltratadas, violentadas o asesinadas a lo largo del tiempo han motivado la búsqueda de soluciones a todos los niveles posibles. En España, una de ellas ha sido la elaboración de una ley específica al respecto. Hasta el momento, en la Ley contra la Violencia de Género no se han escatimado medios (personal, locales, aparatos de teleasistencia, GPS, campañas de comunicación, pisos de acogida, ayudas económicas...) para aplicarla; sin embargo, los resultados no muestran la mejoría esperada, sino que más bien parece que el número de asesinatos no disminuye al ritmo deseado.

Por otra parte, la ley no deja de generar rechazos por la supuesta discriminación legal a la que somete al varón. La Unión Estatal de Federaciones y Asociaciones por la Custodia Compartida (Uefacc) la ha denunciado ante el Tribunal de Derechos Humanos en Estrasburgo, porque considera que establece una diferencia penal en los delitos y en las penas según sean imputados hombres o mujeres. Defiende que la ley debe proteger, obviamente, a la mujer, pero que también debe ser justa con el varón y respetar todos sus derechos legales.

Huelga decir que las leyes son absolutamente necesarias, pero no bastan para resolver los problemas de discriminación sexual. Muestra de ello es que tras las numerosas variantes de violencia de género existen razones económicas, políticas, religiosas, culturales, éticas, sociales, etc., perfectamente enraizadas que fundamentan, a la vez, una cultura machista que cuenta con siglos de evolución.

Definición y tipos de violencia de género

En el segundo capítulo definimos la violencia de género como «la acción que se ejecuta con fuerza o brusquedad y que se concreta contra la voluntad o el gusto del prójimo». También recogemos la que, en 2002, propuso la OMS, que no solo define la violencia como el empleo de la fuerza, sino también como la amenaza de hacerlo:

> El uso deliberado de la fuerza física o del poder,
> ya sea en grado de amenaza o efectivo, contra uno
> mismo o contra una persona, grupo o comunidad,
> que causa o puede causar lesiones físicas, muerte o
> daños psicológicos [...].

La violencia ha acompañado al ser humano desde sus orígenes, ya sea cometida individualmente o con alcance colectivo. Basta con seguir las huellas de las guerras en la historia hasta llegar a las que tienen lugar en nuestro presente inmediato.

No podemos olvidar otras manifestaciones de la violencia: el terrorismo psicológico, la esclavitud, los totalitarismos de todo género, la explotación infantil, el olvido de los derechos humanos y un largo etcétera.

Tampoco debe pasarnos desapercibida la violencia diaria a la que todas las personas estamos sometidas y, en parte, acostumbradas:

- En las normas de convivencia, en las que los gritos sustituyen al diálogo; las exigencias, a las solicitudes; las amenazas, a las peticiones, y las agresiones, a las palabras.
- En el deporte, impregnado de violencia dentro y fuera del terreno de juego, y en el que abundan las expresiones del tipo: «lucharemos hasta la muerte», «nos dejaremos la piel», «tendrán que pasar por encima», «defenderemos con uñas y dientes», «combatiremos hasta el final»…

– En los medios de comunicación, que reproducen, día a día, tipos de violencia pasada, actualizada y en muchas ocasiones futurizada. También violentan al individuo cuando tratan de alienarlo, de separarlo y enajenarlo de la realidad (que se cubre con un manto para ocultar su grado de descomposición), y lo fuerzan a adaptarse y aceptar otra realidad prediseñada por la ideología dominante. Cuando lo manejan emocionalmente para estimularlo a consumir, cuando se le imponen unos patrones de conducta, unos hábitos, una opinión… a través del constante bombardeo mediático.

Desde este punto de vista, la violencia de género no es sino una forma de violencia, con ciertos matices. En su definición de 1994, la ONU consideró que también constituían un acto de violencia las amenazas:

> Todo acto de violencia basado en la pertenencia al sexo femenino que tenga o pueda tener como resultado un daño o sufrimiento físico, sexual o psicológico para la mujer, inclusive las amenazas de tales actos, la coacción o la privación arbitraria de la libertad, tanto si se produce en la vida pública como en la privada.

En esta definición caben muchas formas de violencia de género: feticidios, feminicidios, infanticidios femeninos, abandonos femeninos, presiones para abortar, embarazos no deseados en adolescentes, mutilaciones genitales, matrimonios y prostitución forzados, privación de libertad, violaciones, violencia física por causas religiosas, acoso laboral y sexual, violencia psicológica, emocional, económica y social, agresiones y maltrato a la mujer por parte de su pareja, y un largo etcétera.

Ninguna de estas formas de violencia es nueva. Sin embargo, de todos los tipos de violencia mencionados, queremos destacar la que se crea en el seno de la pareja, en forma de agresiones físicas y separaciones forzosas, y, especialmente, la que termina con la vida de la mujer.

Violencia y neurociencia

Todavía desconocemos gran parte del encéfalo y de sus funciones, pero sin duda el neurólogo Paul MacLean (1913-2007) aportó un punto de vista interesante y didáctico para entenderlo: el del cerebro triuno. MacLean deconstruyó la unidad encefálica, siguiendo la teoría evolucionista de Charles Darwin, en tres cerebros:

- El *cerebro reptílico,* el más primitivo, situado en las profundidades encefálicas y desarrollado a lo largo de varios cientos de millones de años. Regula las funciones necesarias para la supervivencia: la respiración, el ritmo del corazón, la función renal, la presión arterial, el equilibrio, el movimiento, las secreciones del tracto digestivo, etc.
- El *cerebro mamífero,* o sistema límbico, segundo en la escala evolutiva. Aparece circundando el complejo reptil. De él dependen, en parte, algunas funciones importantes: el control hormonal, el mantenimiento de las constantes

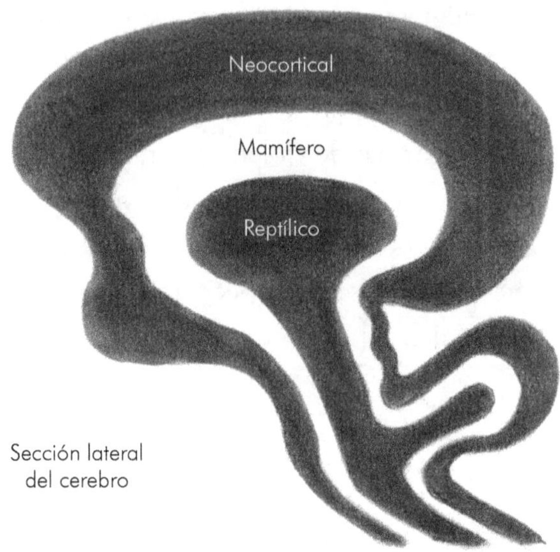

Los tres cerebros que componen el encéfalo humano controlan funciones distintas relacionadas con los estadios de la evolución humana.

vitales (temperatura, presión arterial), la sensación de hambre y de sed, la percepción del placer y del dolor, de las emociones, etc.

— El *cerebro neocortical* o neocórtex es el de más reciente aparición. Situado en la periferia, envuelve los dos cerebros anteriores. De él dependen las funciones del habla, el pensamiento, la imaginación, la comprensión, el cálculo, la escritura, la participación en la toma de decisiones, etc.

Pero nuestro encéfalo no funciona de la manera que debería esperarse, en el sentido de que la parte más evolucionada, moderna, mejor documentada y más dotada jerárquicamente no siempre ordena y las demás obedecen sin más.

Hilary W. Putnam y Jerry Fodor propusieron, en 1975, la teoría computacional del funcionamiento de la mente. Según esta hipótesis, cualquier fuente de energía capaz de activar alguno de los cinco sentidos (los pensamientos, la imaginación, los deseos, etc.) estimula los distintos receptores para proyectarlos a diferentes zonas y conectarlas entre ellas, ya sea en el mismo hemisferio cerebral o mediante las llamadas *fibras de asociación* a zonas de distintos hemisferios mediante los tractos comisurales; o también fuera del cerebro, como la médula espinal o los tractos de proyección.

En este contexto, la violencia es una reacción que aparece en determinadas circunstancias fruto de la interrelación entre estructuras subcorticales (por ejemplo, la amígdala), que actúan de forma automática, y el lóbulo prefrontal, con respuestas más meditadas y razonadas.

La amígdala versus *el lóbulo frontal*

Desde este punto de vista, la violencia puede tener su origen en muchas ocasiones en respuestas emocionales inadecuadas que no solo no ayudan, sino que son la causa de los problemas.

Las raíces de estas respuestas violentas poco reflexionadas, o impulsos, hay que buscarlas quizás en la anatomía y en las conexiones que se han formado entre la amígdala y el lóbulo frontal, sobre todo en los primeros años de vida.

Recordemos que el tálamo actúa como un elemento «repartidor» de los estímulos capturados por los sentidos, que desde allí son enviados por una vía más corta y rápida a la amígdala y, posteriormente, al lóbulo frontal.

La vía directa a la amígdala es inconsciente porque responde antes de que pueda hacerlo el neocórtex, y nos permite reaccionar de manera automática. Durante millones de años, ello nos ha permitido salvar nuestra supuestamente amenazada integridad física al responder unos segundos antes, en apenas unos instantes cruciales, ante agresiones de las que al principio no somos conscientes (por ejemplo, un peligro que acecha pero que no vemos).

Dicha vía es capaz de desencadenar una respuesta inconsciente, automática y más rápida que la cortical, que puede perdurar, evitar o eliminar la respuesta razonada del neocórtex cuando esta ha sido tomada.

Esto supone un beneficio para nosotros en aquellas ocasiones en las que unas décimas de segundo pueden poner en peligro nuestra existencia. Sin embargo, nos perjudica en muchas otras, pues no todos los peligros etiquetados como tales por la amígdala son reales, y las respuestas emocionales e impulsivas que provocan, que no son sino respuestas primarias, pueden ocasionarnos serios problemas.

Ventana emocional

Que nuestras respuestas sean predominantemente impulsivas o todo lo contrario, reflexionadas y meditadas, depende de nuestra genética y de la forma en que hemos sido educados.

La educación como formadora de la plasticidad entre la amígdala y el lóbulo frontal

Fruto, pues, de la genética y del entorno en que hemos sido educados, aparecen, por un proceso de plasticidad neurocerebral que hipertrofia los centros neurológicos del estrés en mayor o menor medida, respuestas de la amígdala que pueden calificarse de «golpe de estado emocional» por encima de las del lóbulo frontal, más razonadas.

Cuanto más estrecha sea la «ventana emocional» de una persona, más episodios de pérdida de control emocional vivirá.

Este dispositivo anatómico se halla aún más refinado en los varones. Los andrógenos hacen que los recién nacidos de sexo masculino sean más impulsivos, irritables y excitables emocionalmente que las féminas, por lo que ya desde las primeras etapas de sus vidas toman un camino distinto al de las mujeres en el que tienden más a la impulsividad y la violencia.

Retardar la respuesta emocional

También es posible, aunque costoso, racionalizar nuestras respuestas emocionales. El psicólogo Walter Mischel llevó a cabo un experimento con niños de cuatro años para determinar el valor de la respuesta retardada en las emociones: les daba un caramelo y les decía que aquellos que no se lo comieran hasta que él volviera, al cabo de poco tiempo, recibirían otro.

Hizo un seguimiento de los niños, mediante el cual detectó que aquellos que habían resistido el impulso de comerse el caramelo y habían cumplido las órdenes tenían menos dificultades para aguantar la presión de la vida normal, eran más autónomos y responsables, se habían adaptado más satisfactoriamente al medio escolar y tenían una mejor predisposición hacia el futuro que los otros.

Esta demora de la respuesta emocional puede interpretarse como un predominio de la reacción cortical, consciente, del lóbulo frontal sobre la del cerebro límbico, inconsciente.

Las personas que no pueden esperar a merecer la gratificación antes de obtenerla dominan peor sus impulsos y tienen una mayor tendencia a los problemas; por el contrario, quienes pueden controlar las esperas experimentan menos contrariedades. En este sentido, educar consiste en facilitar las conexiones con el lóbulo frontal para retardar y evitar las respuestas intempestivas.

Sigmund Freud, en 1899, avanzó algo semejante en cuanto a la demora de la respuesta emocional. En el apartado «Acerca del cumplimiento del deseo» de su obra *La interpretación de los sueños,* afirma:

> Paréceme más bien que, a medida que vamos dominando nuestra vida pulsional mediante la creatividad del pensamiento, renunciamos cada vez más,

Que nuestras respuestas sean predominantemente impulsivas
o todo lo contrario, reflexionadas y meditadas, depende de nuestra
genética y de la forma en que hemos sido educados.

por inútil, a la formación o conservación de deseos
tan intensos como los que el niño conoce.

Visto así, algunos pueden interpretar que la evolución, el aprendizaje hacia la sustitución de la violencia por respuestas más racionalizadas como el respeto, la tolerancia, el amor, etc., es una tendencia evolutiva del ser humano. Según esta hipótesis, la educación en determinados principios y valores, desde los primeros años de vida, determina las distintas respuestas en varones más o menos «evolucionados» que permiten crear conexiones plásticas entre el cerebro inconsciente y el cortical.

Así, solo un hombre más evolucionado desde el punto de vista darwiniano es capaz de solventar sus problemas por vías no violentas. Una afirmación corroborada por Gandhi.

> *Cuida tus pensamientos*
> *porque se transforman en acciones.*
> *Cuida tus acciones*
> *porque se transforman en costumbres.*
> *Cuida tus costumbres*
> *porque se transforman en personalidad.*
> *Cuida tu personalidad*
> *porque es tu vida.*
>
> Mahatma Gandhi
> Abogado, pensador y político indio

Las principales causas y consecuencias de la separación de la pareja

Especialmente importantes son las causas que condicionan la separación de la pareja, que básicamente se resumen en la pérdida del equilibrio entre las razones que la unen y las que la separan. Entre las primeras hemos citado la diversión, la atracción sexual, la complementariedad, la complicidad, la compañía, el enamoramiento, el amor, el respeto, la protección, la fidelidad, el sexo placentero, los factores reproductivos y genéticos, los objetivos conyugales comunes, la tolerancia, la empatía, la resiliencia, la responsabilidad, la compasión, etc.

Por otra parte, algunas de las razones que separan a la pareja son el desamor, el sexo displacentero, la infidelidad, el adulterio, los celos, el incumplimiento en la igualdad de los papeles, las drogas y otras adicciones, la falta de tiempo para compartir, el fracaso en la educación de los hijos, las diferencias políticas y religiosas irreconciliables, el incumplimiento de pactos, la escasa tolerancia, etc.

Las separaciones siempre son dolorosas, tanto desde el punto de vista emocional como desde el económico y social.

Además de las lesiones emocionales que produce en cada miembro de la pareja, una separación crea también trastornos de diversa índole e intensidad en los hijos, los suegros y demás familiares, los amigos comunes de la pareja, etc., los cuales, muy a su pesar, deben posicionarse.

Las consecuencias económicas, sobre todo en momentos de crisis, provocan situaciones a menudo difíciles de resolver.

Si pagar una hipoteca es ya de por sí costoso, contribuir a abonar la de un domicilio en el que ya no se habita, amén de otras responsabilidades económicas (alimentación, educación, vestido, ocio…), todo ello sumado en ocasiones al gasto que comporta la creación de una nueva pareja (la cual puede aportar, además, hijos propios), se convierte en una empresa de titanes.

Las consecuencias sociales también han cambiado notablemente en las últimas décadas del siglo xx y las primeras del xxi. Hasta entonces, en España el matrimonio era una institución indisoluble, y hoy en día se concede la máxima libertad a los contrayentes, que ya no precisan alegar razón alguna o condicionamiento especial para separarse. Basta con la voluntad expresa de uno de ellos.

No obstante, esta libertad personal, sin duda irrenunciable, tiene un precio y está condicionando nuevas situaciones; por ejemplo, distintos tipos de relación de pareja, como el «juntos, pero separados», por la que cada vez con más frecuencia optan las generaciones más jóvenes y las que no lo son tanto.

Las posibilidades de prevención de la ruptura de la pareja

Prevenir problemas es una tarea primordial en todas las parejas. También lo es intentar cumplir con los objetivos principales marcados, luchar cada día para que el amor no se apague dejando de lado otras cuestiones secundarias, y buscar tiempo de calidad para divertirse juntos, mantener el sexo vivo, involucrarse en la educación de los hijos, compartir aficiones, etc.

Tomar *conciencia* de que, tras el estado de enamoramiento, existen reglas no escritas que han de cumplirse ayuda mucho a prevenir futuros problemas. Nos referimos a cultivar determinadas virtudes: el respeto, la fidelidad, la empatía, la compasión, la resiliencia, la humildad, la paciencia, el perdón y la sinceridad. Cual caleidoscopio, la vida de la pareja, como la vida misma, presenta continuos cambios, no siempre favorables, a los que hay que hacer frente. Por ello, es preciso prepararse para vencer las dificultades, ejercitarse y aprender a desarrollar los puntos mencionados.

Los problemas de adicciones (drogas, juego…) deben tratarse rápidamente, antes de que menoscaben la pareja.

Debemos aprender a *comunicarnos* realmente con la pareja. No es lo mismo querer decir algo que saber comunicarlo. Hemos visto que, en este sentido, es más importante el *cómo* que el *qué;* que debemos buscar los mejores momentos para transmitir lo que deseamos, lo que sentimos. Todo ello sin olvidar que siempre comunicamos, aunque no pronunciemos palabra alguna.

Un enfriamiento persistente de la comunicación se corresponde de manera directa con un distanciamiento en la relación.

Cuando la pérdida de respeto en la comunicación se produce en público, la relación ya está seriamente dañada.

Si el conflicto se cronifica, también ayuda conocer y emplear las *técnicas de resolución de conflictos* mencionadas en capítulos anteriores, ya que han demostrado su validez en otras

> *La sociedad actual no es sostenible*
> *sin un amor que debe ser compartido,*
> *sin un sentimiento de responsabilidad*
> *en cuanto al cuidado de nuestra pareja,*
> *nuestros hijos, nuestros padres...*
> *Una responsabilidad que abarca, también,*
> *el entorno inmediato y el planeta en el que vivimos,*
> *pues nos pertenecen tanto a nosotros*
> *como a nuestro hijos y nietos*
> *y a todo ser vivo que en ellos mora,*
> *y es obligación de todos dejar el mejor legado posible*
> *a las generaciones venideras.*

áreas (en política o en el mundo laboral). Asimismo, es importante cuidar de determinadas fechas, especialmente los periodos vacacionales, porque hacen aflorar los problemas existentes.

Para resolver conflictos, además de tener claros nuestros objetivos, debemos intentar utilizar las técnicas de «suma no cero», en las que ninguno de los miembros de la pareja vence completamente en la negociación. *Negociar* significa «ceder», y suele ser más rentable nuestra cesión voluntaria que la obligada por la decisión de terceros (resoluciones judiciales, etc.).

En definitiva, en toda relación de pareja, la *responsabilidad* es un factor clave.

La violencia: la peor solución

Si hay algo peor que separarse de la pareja es hacerlo con violencia. Cuando se está enamorado se ofrece lo mejor de uno mismo, pero en muchas ocasiones, cuando uno de los componentes de la pareja se siente abandonado o resentido, la crueldad aparece rápida e insospechadamente.

La mayoría de las parejas se rompen y se separan de forma civilizada, aceptando, en último término, el deseo del otro, aunque sea injusto (son las reglas de nuestra cultura). No debe confundirse el aceptar su deseo de separación con tolerar las reglas en que quiere que esta se produzca; como último recurso, si el acuerdo no es posible, debe recurrirse pacíficamente a los tribunales. Como dicta una máxima estadounidense, si nos encontramos en un apuro, no agravemos la situación.

Está sobradamente documentado que la violencia en el seno de la pareja se desarrolla en varias fases, en las que aumenta progresivamente de intensidad. En una primera etapa, el agresor acumula tensiones y las proyecta al exterior en forma de insultos, recriminaciones, etc., para hacer sentir a la mujer que ella es la causante de su malestar. En la segunda fase, el varón desata su ira incontrolada contra ella, a veces con resultado de muerte. El agresor justifica su conducta: la culpable siempre es la mujer por no someterse a sus imposiciones. Por último, en un intento de reconciliación (una vuelta a la luna de miel de la pareja), el maltratador manipula los afectos de la mujer, le hace creer que está arrepentido y le pide una nueva oportunidad.

Hemos visto que este es un círculo vicioso que atrapa a la mujer y le hace difícil escapar de su agresor. Solo una toma de conciencia temprana de la situación y pedir ayuda pueden evitar un desenlace fatal.

¿Por qué los varones suelen ser más violentos?

No todos los varones son violentos; sin embargo, la mayoría de los casos de violencia en el seno de la pareja están provocados por los hombres.

Las causas de ello hay que buscarlas en las diferencias genéticas y hormonales, las cuales se manifiestan ya en el cerebro durante las primeras semanas de vida embrionaria y, posteriormente, en la diferenciación sexual.

No obstante, ni la dotación genética ni los cambios hormonales pueden explicar por sí solos el comportamiento de las personas. Nuestro entorno más inmediato desde los primeros días de vida condiciona en gran medida nuestros comportamientos y regula nuestro grado de agresividad.

La manera en la que hemos vivido y sido educados determina la modulación plástica de nuestro cerebro y, con ello, nuestra personalidad, sea esta normal o patológica.

¿Podemos detectar al varón violento?

No es nada fácil, pues la mayoría de los varones violentos no están diagnosticados (salvo los psicóticos). Pero sin duda será más agresivo el hombre cuyo perfil se acerque o coincida con los trastornos de la personalidad apuntados anteriormente (límite, paranoide, esquizoide, antisocial, histriónico, narcisista, dependiente, etc.), sin olvidar a los psicópatas, que poseen un perfil distinto de violencia, más retardado y elaborado.

En la vida de los individuos con alteraciones mentales coinciden un cúmulo de factores que constituyen el origen de su patología o bien la acentúan. Estos factores son más fáciles de detectar en el individuo violento cuando se le conoce y se convive con él. A lo largo de su vida, este suele haber experimentado muchos de los siguientes puntos:

- Violencia de género entre sus padres.
- Infancia con episodios de violencia contra él (gritos, castigos, palizas, etc.).
- Separación de los padres.
- Educación machista.
- Fracaso escolar.
- Peleas numerosas en sus actividades sociales o deportivas.
- Sentido del amor posesivo.
- Celos.
- Infidelidades.
- Adicciones (alcohol, hachís, cocaína, etc.).
- Ludopatías.
- Trastornos depresivos.
- Baja autoestima.
- Personalidad psicopática.

– Incremento de las situaciones estresantes (pérdidas económicas, laborales, etc.).

Ninguno de estos factores, por sí solo, tiene valor predictivo, pero cuantos más acumula un varón, más probabilidades hay de que manifieste una conducta agresiva.

La autodetección o la pronta toma de conciencia por parte de la pareja permite iniciar terapias preventivas.

Por último, conviene recordar que el perfil del psicópata es más difícil de detectar porque responde al de una persona fría y calculadora, con un cerebro «distinto» (su amígdala cerebral pesa menos, hecho que la vuelve insensible al dolor y al sufrimiento ajenos).

Perfil de la mujer maltratada

¿Podemos considerar también una enferma a la mujer maltratada? Puede parecer duro concebir la posibilidad de «responsabilizar» a la víctima, pero este es otro modo de prevenir la violencia de género.

Muchas de las mujeres maltratadas parecen sufrir una especie de síndrome de Estocolmo, por cuanto aceptan y aprueban el trato que reciben del agresor y se culpabilizan, ellas mismas, de su comportamiento.

La mujer maltratada admite en demasiadas ocasiones episodios violentos que aumentan de intensidad progresivamente, decisión que puede llegar a pagar con su vida. Es un ciclo de violencia que se repite hasta la saciedad, y que no tiene otro fin ni otro sentido que someter a la mujer a los mandatos vejatorios del varón.

Este ciclo de dominio-sumisión-dominio no es aceptado por todas las mujeres. Muchas abandonan al agresor antes incluso de que se produzca el primer episodio de violencia. Otras, en cambio, resisten por distintos motivos.

A continuación se recogen algunos de estos aspectos, basados en una serie de factores similares, en algunos casos, a los que intervienen en el varón. La acumulación de estos incrementa las probabilidades de convertirse en una mujer maltratada.

— Su madre sufrió maltrato, que ella incluso recuerda.
— Posible historial de abusos en la infancia.
— Educación según los patrones clásicos de dependencia del varón (padre, hermanos, abuelo…).
— Posible fracaso escolar.
— Trastornos de la personalidad, diagnosticados o no, como el límite o el evitativo.
— Bajo nivel de autoestima, que la hace dependiente de su violentador.
— Dependencia afectiva de determinadas personas (madre, hermanas, abuela…).
— Drogadicción (alcoholismo, etc.), con la que busca solucionar su ansiedad.
— Adicciones (ludopatía, cleptomanía, etc.), superadas tras un gran esfuerzo por vencerlas.
— Posibles trastornos alimentarios (obesidad extrema, anorexia, bulimia, etc.).

– Mayor tendencia que la media a sufrir cuadros de ansiedad y depresión.

Terapia preventiva de la violencia de género en el varón

Hemos visto que la aprobación y aplicación de leyes no es suficiente para reducir la violencia de género. Deberíamos esforzarnos más en la faceta preventiva, tanto a nivel individual como colectivo, en aspectos concretos:

- **Corrección de los factores personales**
  Cuanto más conozcamos el perfil de cada violento, más podremos incidir en la corrección de sus factores personales (adicciones, drogas, ludopatías, estados depresivos, trastornos de la personalidad, situaciones de estrés, etc.).

- **Superación del amor posesivo**
  El violento concibe al objeto de su amor como una posesión. Se refiere a él como «*mi* pareja», «*mi* mujer», «*mi* novia», etc., y entiende el *mi* literalmente por encima del deseo o la libertad que su pareja quiera conceder a su vida.

- **Gestión (y no represión) de las emociones**
  Debemos cultivar la inteligencia emocional y aprender a gestionar emociones aflictivas como la rabia, el odio, la ira, el miedo y la agresividad, así como a vivir conforme a va-

> *Si vis pacem para bellum.*
> *(Si quieres la paz, prepárate para la guerra.)*
>
> VEGECIO
> Escritor romano (ss. IV-V d. C.)

lores como el perdón, el respeto, la fidelidad, la tolerancia, la empatía y la compasión.

- **Empleo de técnicas de resolución de conflictos de suma no cero**

Los conflictos pueden resolverse con un ganador y un perdedor, sea este uno mismo o su pareja. Existe, no obstante, otro tipo de negociación de suma no cero, en la que ambos componentes del conflicto ganan algo.

En la resolución de suma cero, como en cualquier partido deportivo, si un contrincante gana, el otro pierde. Pero debemos descubrir y asumir que existe un mundo de suma no cero, en el que ante cualquier conflicto ambas partes tengan algo que ganar. No obstante, si no entendemos la virtud de la *empatía* (esto es, ponernos en el lugar mental y personal del otro), esto difícilmente se logra.

Resolver conflictos o negociar es una pugna que implica la posibilidad de recurrir a la fuerza. Llegados a este extremo, siempre es mejor demorar la respuesta e incluso romper la relación, y delegar en la justicia la solución, aunque esta no nos satisfaga del todo.

- **Profundización en las relaciones entre iguales**
Debe llevarse a cabo desde los primeros años de vida, distinguiendo claramente entre las diferencias propias del sexo (expresiones externas, ropas, colores, modas, atractivos, etc.) y la igualdad entre hombres y mujeres.

- **Aceptación real del cambio del papel social de la mujer**
Este cambio se ha producido muy rápidamente, por lo que, desde un punto de vista histórico, no está ni mucho menos asumido por todos los varones. Por ello debe hacerse un esfuerzo grande y continuado para que el nuevo papel social de la mujer sea definitivamente aceptado.

En apenas cincuenta años, la mujer de los países desarrollados ha pasado de una dependencia jurídica y social *de facto* de su marido a tener los mismos derechos y deberes que él. Pero no sucede igual en el resto del mundo, donde esta sumisión tan arraigada sigue en vigor: es el caso de los países islámicos, India, China, África, América Latina, etc.

La globalización, con el constante trasiego de personas y culturas que implica, debilita este cambio en el papel de la mujer. Pensemos que, hasta finales del siglo xx, los inmigrantes eran conscientes de que debían asimilar la cultura de los nativos para ascender en la escala social, y lo intentaban. Pero se ha producido un cambio, probablemente causado por el gran número de inmigrados que existen en determi-

La terapia preventiva de la violencia de género en el varón
debe profundizar en las relaciones entre iguales.

nadas zonas. Ahora se opta por mantener vivas las diferencias culturales, tal como afirma el sociólogo Zygmunt Bauman.

Sin embargo, esta diversidad no es lo único que debilita la posición de la mujer. En España, nuestra propia cultura ofrece ejemplos cotidianos del cambio que se está produciendo. Basta con ver por televisión películas de las últimas décadas del siglo xx para apreciar que se está renovando la cultura de las funciones clásicas de la mujer (las tareas domésticas, el cuidado de los hijos, los abuelos y los enfermos, y la educación de los primeros; la dependencia económica del varón, etc.).

Todo ello afecta al papel social de la mujer, aunque creamos lo contrario. Según una encuesta del periódico *La Vanguardia* (18 de noviembre de 2010), el 82 % de los votantes no están a favor de que haya paridad de sexos en los cargos políticos.

- **Superación de las dificultades en la conciliación laboral y familiar**
  Es difícil conciliar la vida laboral, que suele precisar de ocho a diez horas diarias para cada cónyuge (en horarios que, por otra parte, no siempre coinciden), con la personal y la familiar.

  No es sencillo encontrar tiempo para educar a los hijos si al horario laboral hay que sumar los desplazamientos, las puntas de trabajo que exigen más aportación horaria y, en ocasiones, algún viaje fuera de la localidad habitual. ¿Cómo ocuparse de su aprendizaje, su alimentación, del uso que hacen de internet, de sus amigos reales y virtuales, de llevarlos al colegio y de recogerlos, de acompañarlos a sus actividades deportivas, etc.?

¿Deben los padres esclavizar a los abuelos? ¿Deben pagar educadores extras? ¿Pueden sus sueldos permitirse esto último? ¿Son mayoría este tipo de parejas? Los resultados y sus fracasos a la vista están y precisan un nuevo replanteamiento, ajustado al máximo a las circunstancias de cada familia.

- **Aceptación de la posibilidad de que el sueldo de la mujer sea superior al del varón**
Cuando las mujeres ganan más que sus maridos, la pareja se tambalea. Así lo afirma Capitolina Díaz, doctora en psicología por la Universidad de Londres. En una entrevista concedida a *La Vanguardia* (5 de enero de 2011), Díaz explica que el 70 % de las mujeres empresarias a las que ella consultó están separadas; aduce que el motivo es que los varones todavía identifican hombría con poder, y este con el dinero, y que tienen dificultades para aceptar que los sueldos de ellas sean superiores.

Aún estamos habituados a que el marido sea quien ejerza el poder, y parece que la sociedad legitima esta costumbre, independientemente de que las aportaciones de la mujer al cómputo de los ingresos familiares sean superiores. Él es quien paga la cuenta, quien regala joyas, etc. Pero encajar que ella lo obsequie con un coche exige una gran dosis de madurez por parte del hombre, madurez que —asegura Díaz— no se adquiere en dos generaciones; el resultado es más bien que a ellos les baja la autoestima.

El éxito profesional de la mujer desestabiliza la pareja, aún más si la remuneración de ella es superior a la de él, y a menudo la consecuencia es una pronta separación.

- **Capear la crisis económica**

La crisis económica desatada a finales de la década de 2000 tampoco beneficia la estabilidad de la pareja. El Estado del bienestar y de los derechos sociales que conocemos, el mundo entero, está cambiando a pasos agigantados.

Las industrias de ámbito nacional han de competir con las de países emergentes que invaden sus mercados; países que, en su mayor parte, desconocen el significado del concepto de «Estado del bienestar», hecho que conlleva desequilibrios comerciales y repercute en la riqueza de los estados.

Algunos de los cambios que se apuntan son sueldos más bajos, más años de cotización y retraso en la edad de jubilación para ser más *competitivos*. Esto obliga a muchas mujeres a volver a sus funciones tradicionales, principalmente a aquellas con escasa formación profesional.

¿Puede la sociedad reinventarse para solventar este tipo de problemas? ¿Cuál debe ser el modelo al que debemos aspirar?

- **Responsabilización en la pareja y con ella**

Nuestra sociedad es más proclive a reclamar derechos que a cumplir con los deberes. Sucede igual en la pareja. En general, falta educación y responsabilidad para cumplir todos aquellos pactos que, de manera consciente o inconsciente, convenimos mutuamente, y para mantener una relación basada en el respeto, la fidelidad, la ayuda mutua, el cuidado, la responsabilidad, etc.

Terapia preventiva de la violencia de género en la mujer

Como en el caso del varón, conocer el perfil de la mujer maltratada ayuda a prevenir desenlaces fatales y a buscar una terapia personalizada en función de su historial de violencia de género (abusos en su infancia, educación machista, separación de los padres en edad temprana, fracaso escolar, drogadicción, dependencia patológica de padre o hermanos, adicciones, tendencia a la depresión, baja autoestima, etc.).

La mujer debe conocer la evolución habitual de la violencia de género, ser consciente de que esta se inicia con discusiones, un tono de voz inadecuado y falta de respeto, primero en privado y luego en público; y de que, en fases más avanzadas, se propinan golpes y se profieren serias amenazas que pueden llegar a cumplirse. Asimismo, ha de saber que lo que le sucede no es un hecho singular y único, sino que sigue unas pautas fijas, de dominio-sumisión--dominio, y se desarrolla en unas fases bien establecidas: acumulación de tensiones, estallido de la violencia y falsa reconciliación.

Es vital para ella identificar la situación y las secuencias de comportamiento que presenta la violencia de género. El siguiente paso consiste en buscar ayuda profesional para resolver sus propios problemas (asistencia social, psicológica, médica, etc.) y aquellos que afectan a su pareja.

Violencia y teoría fractal

El matemático polaco Benoît Mandelbrot (1924-2010) fue quien definió la teoría de los fractales. Esta hipótesis de la similitud toma su nombre del latín *fractus,* que significa «quebrado», porción o estructura básica cuya repetición a diferentes escalas genera formas inertes o vivas.

La teoría de los fractales se ha aplicado a diferentes campos: la arquitectura, la literatura, la botánica, la economía o incluso la vida misma. Se basa en la observación de que las unidades mayores están compuestas por los mismos elementos más diminutos, *fractus,* cuya unión y repetición genera el organismo final.

El romanescu *(Brassica oleracea)* es un híbrido de brécol y coliflor. Se trata de una verdura especialmente bella, cuya

El romanescu, un ejemplo de unidad de fractales
cuya repetición crea la forma final.

> *La violencia solo terminará cuando el ser humano*
> *comprenda que su desarrollo individual depende*
> *de su relación con los demás y de su respeto hacia*
> *ellos, y les reconozca derechos semejantes*
> *a los que él tiene.*
>
> YAKO ROMAN ADISSI
> Psicólogo y psicoanalista argentino

estructura constituye un ejemplo de geometría fractal. Cada pequeña porción del romanescu se repite de manera continuada, hasta crear otra unidad mayor que tiene la forma de la verdura.

Desde este punto de vista, también la violencia puede considerarse un fractal que se retroalimenta. Así, las imágenes continuadas de violencia en nuestras vidas que nos llegan a través de los medios de comunicación, los deportes o la vida misma nos enseñan y recuerdan que la violencia es un medio más rápido de conseguir aquello que queremos.

No obstante, frente a este tipo errado de enseñanza, existe otra teoría fractal que busca la justicia, el equilibrio, la paz, el pacto, la tolerancia, el respeto, el control de los impulsos, la duda, la libertad propia y el respeto por la ajena.

Cuando se trata de violencia «de baja intensidad», o sin agresiones físicas, no existen grandes diferencias entre el hombre y la mujer. Por ejemplo, en la violencia psicológica, la mujer puede competir con el varón e incluso superarle, pues sabe cómo herir su autoestima. En cambio, sí hay una gran diferencia «a favor» del hombre cuando se trata de violencia en su grado máximo: la violencia física (por razones genéticas, anatómicas y hormonales, como hemos explicado).

La base del violento está en su personalidad, ya que desde los primeros días de vida, y aun antes, ha ido tejiendo las conexiones personales, neuronales y sinápticas que, posteriormente, condicionarán el predominio del cerebro emocional (regido por las emociones aflictivas: ira, miedo, odio, agresividad...) o del reflexivo, representado por el lóbulo frontal, más evolucionado, dominado por sentimientos más «meditados».

Conceptos como el perdón, la piedad, la empatía, la compasión o el amor están ligados a la corteza inteligente y evitan la aplicación de la violencia emocional, y, con ello, el camino de la crueldad y la destrucción del semejante.

¿Hay motivos sociológicos que apoyen y expliquen esta evolución del ser humano hacia la solución no violenta, o de predominio del lóbulo frontal? Para el neurólogo Steven Pinker, esta evolución puede venir determinada por una serie de hechos:

- La aparición de las naciones-estado, como depositarias últimas de la violencia y de la justicia social, que crea una tendencia a no resolver los problemas por medio de la violencia personal.
- La reciprocidad e interdependencia de unos estados con otros, que hace de la violencia una pésima opción por sus elevadísimos costos.

- La globalización progresiva, que conlleva un mejor conocimiento del otro y relaciones personales e interculturales más estrechas. Ello se traduce en un mayor entendimiento o empatía entre seres «distintos», que entienden racionalmente que con la confrontación y la lucha, a la larga, pierden más que ganan.
- La cada vez mejor educación y mayor cultura de los seres humanos como conjunto, que comprenden mejor estos hechos y emprenden las acciones pertinentes para lograrlos.

En el fondo, la violencia enfrenta tres modelos éticos primordiales:

- *La reciprocidad,* resumida en la máxima: «al prójimo como a ti mismo».
- *La compasión,* entendida como la comprensión y el deseo de ayuda a la otra parte.
- *El respeto a la jerarquía,* que no entiende de justicia sino de fuerza, para mantener esta.

La solución, pues, dista de ser fácil, y depende de todos nosotros: hijas/hijos, madres/padres, abuelas/abuelos, maestras/maestros, compañeras/compañeros de trabajo, parejas...; en definitiva, de toda la sociedad en su conjunto.

Cuanto más normal nos resulte el hecho de resolver los problemas, cualesquiera que estos sean, por la vía de la no violencia, más cerca estaremos de solucionar el acuciante problema de la violencia de género.

> *La pau no és un cop de vent sobtat,*
> *sinó la pedra en la qual cada dia*
> *cal escolpir l'esforç de conquerir-la.*
> *(La paz no es un golpe de viento súbito,*
> *sino la piedra en la cual cada día*
> *debe esculpirse el esfuerzo para conquistarla.)*
>
> Miquel Martí i Pol
> Poeta y escritor en lengua catalana

Por último, merece recordar que en un mundo globalizado, donde todavía no está establecida la justicia global, hablar de la aplicación de «justicia emocional», entendida como aquella que valora, además de los principios legales actuales, las consecuencias emocionales que la violencia de género produce en la mujer que la sufre, así como en las personas con las que convive (hijos y demás familiares), es una utopía.

Pero alcanzar toda utopía comienza con un primer paso. Demos, pues, el nuestro y prediquemos con el ejemplo cada día, cada minuto, cada segundo, luchando por erradicar de nuestras vidas o denunciar cualquier tipo de violencia que veamos, como la mejor manera de contribuir a la solución de la violencia, esa violencia que lleva con nosotros… desde siempre.

Sin duda hemos recorrido un largo camino, pero aún queda mucho por hacer.

Bibliografía

CIE 10. Clasificación de los trastornos mentales. Criterios diagnósticos y de investigación. Organización Mundial de la Salud. Meditor, Madrid, 1993.

Cómo funciona la mente. Steven Pinker. Destino, Barcelona, 2008.

El camino de la tolerancia. Albert Ellis. Obelisco, Barcelona, 2006.

El cerebro infantil: la gran oportunidad. José Antonio Marina. Ariel, Barcelona, 2011.

El cerebro masculino. Louann Brizendine. RBA, Barcelona, 2010.

El timo de la superwoman. Esther Casademont y Mar Galtés. Planeta, Barcclona, 2010.

Emociones y sentimientos. Dónde se forman y cómo se transforman. Miguel Pallarés. Marge Books, Barcelona, 2010.

Hombres. El sexo débil y su cerebro. Gerald Hüther. Plataforma Editorial, Barcelona, 2012.

Immortals, sans i perfectes: com la medicina canviarà les nostres vides. Salvador Macip. Edicions 62, Barcelona, 2008.

Jesús de Nazaret. Jospeh Ratzinger. La Esfera de los Libros, Madrid, 2007.

La interpretación de los sueños. Sigmund Freud. Alianza, Madrid, 2011.

La mente en desarrollo. Cómo interactúan las relaciones y el cerebro para modelar nuestro ser. Daniel J. Siegel. Desclée de Brouwer, Bilbao, 2007.

La violencia contra las mujeres. Propuestas terminológicas. Emakunde. Comisión de Seguimiento del Acuerdo Interinstitucional, 2007.

«Las bases biológicas del psicópata.» Robert Hare. En: *Cara a cara con la vida, la mente y el Universo.* Eduard Punset. Destino, Barcelona, 2010.

«Maltrato infantil y violencia asesina.» Jonathan Pincus. En: *Cara a cara con la vida, la mente y el Universo.* Eduard Punset. Destino, Barcelona, 2010.

Manual estadístico y de diagnóstico de los trastornos mentales. Asociación Americana de Psiquiatría. 4.ª edición. Texto revisado (DSM-IV-TR). Masson, Barcelona, 2002.

«Psychopathological profile of men convicted of gender violence: a study in the prisons of Spain.» E. Echeburna, J. Fernández-Montero y P. J. Amor. *Journal of Interpersonal Violence,* 18 (398-812), 2003.

Sin conciencia. Robert D. Hare. Paidós Ibérica, Barcelona, 2009.

Un adúltero americano. Jed Mercurio. Anagrama, Barcelona, 2010.

Webs de interés

Ámbito estatal

Instituto de la Mujer
  www.inmujer.es

Ministerio de Sanidad, Servicios Sociales e
  Igualdad
  www.msssi.gob.es

Andalucía

Consejería para la Igualdad y Bienestar
  Social. Junta de Andalucía
  www.juntadeandalucia.es/igualdadybie
  nestarsocial

Instituto Andaluz de la Mujer
  www.juntadeandalucia.es/institutodela
  mujer

Aragón

Departamento de Sanidad, Bienestar Social
  y Familia. Gobierno de Aragón
  www.aragon.es

Instituto Aragonés de la Mujer
  www.aragon.es

Asturias

Consejería de Bienestar Social e Igualdad.
  Gobierno del Principado de Asturias
  www.asturias.es

Instituto Asturiano de la Mujer
  institutoasturianodelamujer.com

Baleares

Conselleria de Salut, Família i Benestar
  Social. Govern de les Illes Balears
  www.caib.es

Institut Balear de la Dona
  www.caib.es

Canarias

Consejería de Presidencia, Justicia
  e Igualdad. Gobierno de Canarias
  www.gobiernodecanarias.org

Instituto Canario de Igualdad
  www.gobiernodecanarias.org/icigualdad

Cantabria

Consejería de Presidencia y Justicia.
  Gobierno de Cantabria
  www.cantabria.es

Dirección General de la Mujer
  mujerdecantabria.com

Castilla-La Mancha

Presidencia de la Junta de Comunidades
  de Castilla-La Mancha. Junta de
  Castilla-La Mancha
  www.jccm.es

Instituto de la Mujer de Castilla-La
  Mancha
  www.institutomujer.jccm.es

Castilla y León

Consejería de Familia e Igualdad de Oportunidades. Junta de Castilla y León
www.jcyl.es

Dirección General de la Mujer. Junta de Castilla y León
www.jcyl.es

Cataluña

Departament de Benestar Social i Família. Generalitat de Catalunya
www.gencat.cat

Institut Català de les Dones
www.gencat.cat/portal/site/icdones

Ceuta

Consejería de Educación, Cultura y Mujer. Ciudad Autónoma de Ceuta
www.ceuta.es

Centro Asesor de la Mujer
www.ceuta.es/cam

Extremadura

Consejería de Salud y Política Social. Junta de Extremadura
www.juntaex.es

Instituto de la Mujer de Extremadura
imex.juntaex.es

Galicia

Secretaría Xeral da Igualdade. Xunta de Galicia
www.igualdadegalicia.org

Servizo Galego de Igualdade
www.sgi.xunta.es

La Rioja

Consejería de Salud y Servicios Sociales. Gobierno de La Rioja
www.larioja.org

Dirección General de Servicios para la Mujer
www.larioja.org

Madrid

Consejería de Asuntos Sociales. Comunidad de Madrid
www.madrid.org

Dirección General de la Mujer
www.madrid.org

Melilla

Consejería de Educación y Colectivos Sociales. Ciudad Autónoma de Melilla
www.melilla.es

Viceconsejería de la Mujer
www.melilla.es

Murcia

Consejería de Sanidad y Política Social. Región de Murcia
www.carm.es

Dirección General de Asuntos Sociales, Igualdad e Inmigración
www.carm.es

Navarra

Departamento de Política Social, Igualdad, Deporte y Juventud. Gobierno de Navarra
www.navarra.es

Instituto Navarro para la Igualdad y la Familia
www.navarra.es

País Vasco

Presidencia del Gobierno Vasco
www.lehendakaritza.ejgv.euskadi.net

Emakunde. Instituto Vasco de la Mujer
www.emakunde.euskadi.net

Valencia

Conselleria de Justícia i Benestar Social. Generalitat Valenciana
www.bsocial.gva.es

Direcció General de Família i Dona
www.bsocial.gva.es

www.ingramcontent.com/pod-product-compliance
Lightning Source LLC
Chambersburg PA
CBHW051817150726
47998CB00001B/181